Richard Schoeps

Die Partikeln in altnormannischen Texten

Richard Schoeps

Die Partikeln in altnormannischen Texten

ISBN/EAN: 9783743459779

Hergestellt in Europa, USA, Kanada, Australien, Japan

Cover: Foto ©Thomas Meinert / pixelio.de

Manufactured and distributed by brebook publishing software (www.brebook.com)

Richard Schoeps

Die Partikeln in altnormannischen Texten

DIE PARTIKELN

IN

ALTNORMANNISCHEN TEXTEN.

INAUGURAL - DISSERTATION

ZUR ERLANGUNG

DER PHILOSOPHISCHEN DOCTORWÜRDE,

WELCHE MIT

GENEHMIGUNG DER HOHEN PHILOSOPHISCHEN

FACULTÄT

DER

VEREINIGTEN FRIEDRICHS-UNIVERSITÄT

HALLE - WITTENBERG

AM SONNABEND, DEN 6. JUNI 1896

VORMITTAGS 11 UHR

ZUGLEICH MIT DEN ANGEHÄNGTEN THESEN

ÖFFENTLICH VERTEIDIGEN WIRD

RICHARD SCHOEPS

AUS HALLE A. S.

OPPONENTEN:

HERR CAND. PHIL. **KITZING**

HERR DRD. PHIL. **PETERS.**

HALLE A. S.,
HOFBUCHDRUCKEREI von C. A. KAEMMERER & Co.
1896.

SEINEN LIEBEN ELTERN.

Nachstehende Abhandlung hat zum Inhalt eine nähere Untersuchung der Partikeln in folgenden Texten:

a) Montébourg-Psalter (MPs.) ed. Michel 1860. Kollection von Meister 1871.

b) Cambridger Psalter (CPs.) ed. Michel 1876 vgl. Zt. f. rom. Phil. I 571.

c) Quatre Livres des Rois (QLR.) ed. Le Roux de Lincy 1841. Kollation bei Schlösser 1886.

d) Roman de Rou von Wace ed. Andresen 1877 (zitiert als: R^1 = Anfang in Achtsilblern,

R^2 = sog. Chronique ascendante,

R^3 = erste Hälfte des Rou in Alexandrinern,

R^4 = zweite „ „ „ „ Achtsilblern

e) Chronique des Ducs de Normandie (B^1, B^2) von Benoit de Sainte-More 1836. ed. Michel. vgl. Settegast Benoit 1876.

Unberücksichtigt blieben die bereits aus a) b) und c) gesammelten Formen in d) und e). Zur Vergleichung des lateinischen Originaltextes wurde für a) b) und c) die Ausgabe des alten Testamentes von C. v. Tischendorf 1873 benutzt. Zitiert wird im folgenden bei a) und b) nach Psalm und Vers, bei c) nach Seite und Zeile, bei d) und e) nach der Verszahl, und zwar nur nach dem französischen Text. Zur Bezeichnung der Randzeilen in c) dient ein vor die betr. Zeilenzahl gesetztes r, zur Bezeichnung der Kapitelüberschriften in e) ein hinter die unmittelbar voraufgehende Verszahl gesetztes a. Hinter dem = steht die im lateinischen Originaltext direkt entsprechende Form, in [ ] die daselbst entsprechende syntaktische Beziehung. In ( ) gesetzt sind die Formen von a, b und c, denen eine im lateinischen Texte entsprechende Form fehlt.

I. Praepositionen.

a ; ad MPs. 67, 36. CPs. 83, 11. 144, 19.
- = a CPs. 75, 4. 83, 11. QLR. 337, 5. 387, 1.
- = [ablativus instrumenti] MPs. 67, 36. CPs. 7, 6. 65, 5. 70, 7. 103, 17. QLR. 89, 13. 317, 4.
- = [abl. limitationis] QLR. 171, 9.
- = [abl. temporis] QLR. 2, 3. 24. 8, 5. 45, 3. 48, 9.

Anm. a in mqdalem Sinne QLR. 14, 1. 24 r 3. 24, 17. 131, 4. 138, 16.

- = [accusativus] MPs. 24, 10. QLR. 59, 1. 122, 9. 159, 17. 187, 7. 322, 3.
- = ad MPs. 2, 5. 7. 3, 4. 4, 4. 5, 3. 67, 36. CPs. 2, 5. 7. 11. 3, 4. 14, 3. QLR. 9, 6. 10. 10, 10. 11, 8. 15.
- = adversum QLR. 29, 12. 129, 12.
- = ante QLR. 409, 1.
- = apud MPs. 38, 11.
- = circa QLR. 358, 9.
- = contra QLR. 64, 18. 153, 5.
- = coram QLR. 38, 6. 77, 1. 157, 18. 235, 2. 265, 14.
- = cum QLR. 36, 7. 39, 6. 48, 4. 6. 54, 1.
- = [dativus] MPs. 2, 8. 11. 3, 2. 7. 4, 1. CPs. 2, 8. 11. 3, 2. 4, 1. 5, 14. QLR. 2, 8. 6, 8. 9, 8. 10, 12. 13, 10.

Anm. Analog dem lateinischen dat. commodi QLR. 36, 8. 46, 12. 122, 4. 177, 1. 188, 1.

- = de QLR. 214, 1. 315, 13.
- = erga QLR. 64, 2.
- = [genitivus] MPs. 23, 1. 77, 29. 85, 7. 118, 33. CPs. 85, 8. 88, 8. 143, 7. 11. QLR. 7, 4. 6. 9, 12. 17, 12. 18, 14.
- = in [c. accus.] MPs. 33, 15. CPs. 62, 10. 124, 3. QLR. 15, 13. 17, 4. 12. 19, 4. 14.

= in [c. ablat.] MPs. 36, 1. QLR. 17, 12. 24. 20, 1. 21, 5. 23, 2.
= intus in QLR. 84, 4.
= in occursum QLR. 375, 5.
= iuxta QLR. 43, 8. 73, 11. 171, 15. 198, 7. 243, 12.
= per QLR. 74, 18. 264, 11. 265, 5. 298, 17.
= post QLR. 26, 8.
= quasi QLR. 44, 4.
= super QLR. 75, 1. 99, 12. 129, 13. 14. 150, 15.
= usque ad QLR. 53, 13. 213, 10. 214, 6.
Anm. a c. infinit. = infinit. MPs. 30, 17. 33, 12. 61, 4. 64, 9. 67, 13. QLR. 56, 8. 75, 19. 87, 15. 106, 9. 125, 7.
a c. infin. = part. fut. CPs. 77, 6. 100, 2.
a c. inf. -- ut c. conj. QLR. 91, 17. 163, 13. 172, 14. 219, 17. 309, 4.
ainz; B²2264 einz vor
R⁴3131. B³482. 5532. 22674. 27214. 28820.
amunt auf
= super QLR. 427, 18.
amunt aufwärts R¹398. 422. 677. 4174. R⁴1339. B¹985. B³3212. 4810.
amont R⁴ 3859. 9909. B²5610. 33288.
amunt de auf
= super QLR. 376, 8 (267, 9. 344, 3).
aprés
= iuxta QLR. 14, 2. 79, 16. 140, 14. 172, 13. 212, 19.
= post MPs. 43, 12. 44, 16. CPs. 15, 3. 39, 19. 48, 13. 14. 17. QLR. 80, 15. 82, 2. 3. 84, 9. 96, 3.
= pro QLR. 224, 2. 242, 11. 355, 1.
d' aprés = de post MPs. 77, 76.
ariere; arriere CPs. 33, 14.
= post QLR. 292, 11.
ariere de = a CPs. 33, 14. (QLR. 381, 12).
atout mit B⁹6847.
aval
= in QLR. 85, 2 (QLR. 200, 10).
aval a = ad QLR. 92, 9.
aval de = de QLR. 364, 11 (378 r 2) vgl. aval de cel solier
= deorsum QLR. 378, 19.
per QLR. 200, 7.

aval en = de excelso in QLR. 32, 1.
avant de
= ab QLR. 195, 10.
= super QLR. 438, 1 (QLR. 34, 5).
d'avant B⁴901. 24012. 25699. 29227. 29783.
dedavant B² 2544. 19270. 32670. 34887.
avers gegen — hin (lokal) B²3927.
avers gegenüber(Beziehung)B²10270.15054.31451. 39010.
avers que gegenüber B²35131.
ches = apud QLR. 86, 18. (60, 8).
cuntre; contre MPs. 17, 24. 76, 2. 139, 9 gegen (lokal).
= a MPs. 17, 24.
= contra MPs. 76, 2. 139, 9. CPs. 30, 19. 52, 3. QLR. 52, 3. 153, 18 (18, 20).
= in QLR. 428, 1.
cuntre (temporal) gegen B¹1582.
cuntremunt; contremunt B²22696. 27649. aufwärts: R¹426. R²465. B²3032.
contreval abwärts B²3458.
de
 = a MPs. 2, 6. 8. 4, 8. 6, 7. 8. CPs. 2, 3. 8. 5, 11. 6, 7. 8. QLR. 8, 2. 17, 7. 8. 23, 10. 33, 15.
 = [ablativus causae] MPs. 13, 9. 16, 16. 52, 6. CPs. 13, 8. 16, 14. 102, 2. 118, 148. QLR. 55, 4. 182, 7. (333, 6. 362, 7. 369, 17. 424, 3).
 = [ablat. comparationis] CPs. 17, 17. 39, 15. 44, 2. 54, 23. QLR. 196, 12. 207, 10. 231, 13.
 = [ablat. limitationis] MPs. 7, 11. 10, 2. 23, 4. 31, 14. CPs. 7, 10. 23, 4. 124, 4. QLR. 126, 10. 135, 16. 151, 4. 174, 7. 234, 11.
 = [ablat. instrumenti] MPs. 5, 15. 6, 6. 8, 6. 15, 11. 17, 35. CPs. 5, 14. 6, 6. 8, 6. 16, 15. 17, 40. QLR. 103, 14. 127, 2. 152, 7. 338, 5. 349, 14.
 = [abl. mensurae] QLR. 417, 4. vgl. de plus, de tant.
 = abl. qualitatis] MPs. 33, 18. 35, 11. 72, 1. 104, 11. CPs. 72, 1. (118, 68), QLR. 181, 15. 59, 13. 62, 18. 66, 17. 71, 11. 72, 7.

— 9 —

= [abl. modi] MPs. 4, 3.
= [abl. temporis] QLR. 109, 8. 115, 11. 133, 8. 397, 9. (180, 12).
= [accusativus] QLR. 50, 11. 81, 12. 97, 10. 105, 13. 322,3.
= cum QLR. 282, 4.
= [dativus] QLR. 37, 7. 91, 10. vgl. estre de angehören QLR. 221, 10. 282, 4.
= de MPs. 2, 12. 3, 5. 9, 13. 13, 3. 14, 40. CPs. 3, 4. 9, 13. 37. 39. 13, 3. QLR. 8, 2. 17, 7. 8. 23, 10. 33, 15. vgl. de sei sich auf das Subjekt beziehend B*529. 2421. 3785. 5420. 18741.
= ex MPs. 7, 1. 8, 3. 24, 23. 27, 10. 71, 14, CPs. 9, 13. 13, 10. 21, 10. 22. 24, 5. 20. QLR. 9, 10. 13, 6. 15, 17. 47, 12. 62, 6.
= desuper ex QLR. 156, 19.
= [genitivus] MPs. 1, 1. 2. 2, 2. 3. 3, 7. CPs. 1, 1. 2, 3. 4, 6. QLR. 9, 15. 10, 1. 15. 12, 14. 22, 10.
= [genitivus qualitatis] QLR. 16. 6. 213, 12. 330, 15. (6, 6. 29, 12. 34, 18).
= in MPs. 118, 46. QLR. 10, 14. 60, 9. 67, 2. 92, 8. 183, 15.
= inter QLR. 31, 11.
= per QLR. 60, 14. 202, 17.
= prae QLR. 206, 8.
= pro QLR. 374, 6. 12.
= propter QLR. 34, 6. 129, 11.
= quam nach compt. QLR. 191, 7.
= super QLR. 70, 19. 145, 17. 167, 10. 330, 7.

de + infinit. = inf. QLR. 34, 8. 90, 9. 122, 1. 167, 14. 292, 10.
de + inf. = ut c. conj. QLR. 156, 3. 318, 4, 389, 4.
de + bestimmter Artikel als Teilungsartikel QLR. 212, 16. 350, 16.
de + pron. possess. B²2347. 2725. 29991. 31952. 34297.
de + Artikel + pron. poss. B²19814.
de + tote = Artikel B²27414.
de vor Zahlwort B²27956.

deça diesseits R² 60. R²2478. 2485. 2487. 2658. B²6611. 39381.
41065. 41792.
decha R⁴10030.
de deça diesseits B²40264.
de ci que = usque ad QLR. 23, 1.
de ci qu'a B²9321. 12041. 13398. 14385. 15095.
de ci qu'en B²7925. 14097. 15448. 18689. 20021.
des ci qu'en B²23683.
ci que B¹1093. B²33071.
ci qu'a B²32148.
de ci B²9154.
de ci a B²3930. 5885. 6498. 6810. 8365.
d' ici qu'a B²38436.
dedenz
   = in QLR. 253, 16.
   = intra MPs. 38, 4. 102, 1. 108, 21.
dedens B²2831.
   denz B²26556. 27912. 28140. 28395. 28784.
dedenz en QLR. 247, 8.
defors vor
   = foris QLR. 426, 9. (246, 18).
defors de R³4305.
dejuste:
   = iuncti [c. dat.] MPs. 140, 7.
   = iuxta MPs. 5, 5. 37, 12. 93, 15. 139, 6. CPs. 5, 3. 9, 28.
   48, 13. 139, 6. 144, 19. QLR. 17, 10.
   = secus MPs. 1, 3. 140, 9. CPs. 1, 3.
   dejoste R⁴5527. 8546. 8703.
par dejoste R⁴5156.
de la
   = ultra QLR. 80, 2. 82, 2.
deled
   = a QLR. 240, 3.
   = de latere QLR. 236, 5.
   = ex latere QLR. 80, 10. 399, 16.
   = iuxta QLR. 77, 16. 183, 9. 186, 3. 195, 12. 274, 1.

= super QLR. 392, 8.
delez R³3419. R⁴5899. B¹1643.
de delez B²25075.
de part von Seiten
  = ex nomine QLR. 97, 13. 330, 19.
  = ex parte QLR. 126, 1. (1, 8. 9. 2, 1. 53, 1. 53 r 3).
  = in sermone QLR. 286, 3. 288, 15.
de par seitens (meist instrumental) R³4355. R⁴740. 2397. 3239. 6862. B² 18161. 23188. 23244. 23346. 30218.
de par durch (lokal) QLR. 281, 15. 412, 16.
deriere = post QLR. 138, 20. (386, 8).
des
  = a MPs. 70, 7. 19. 73, 2. 92, 3. 106, 3. CPs. 40, 12, 49, 1. 54, 20. 65, 6 67, 34. QLR. 13, 8. 25, 15. 70, 9. 83, 13. 133, 9.
  = de QLR. 199, 2. 217, 14. 427, 3.
  = ex MPs. 75, 7. 112, 2. 113, 27. 120, 8. 124, 2. CPs. 75, 7. QLR. 113, 3. 143, 4. 19. 166, 14. 304, 9.
de si qu'a bis R³809. 1021. 3330. 3522. 3546.
de si R² 3812.
de si a R³4205. 8886. 9562.
de si en R⁴8844. 9888.
Anm. de si a (prp.) schon B²41029.
dessi a quant = usquequo CPs. 4, 2.
desque; MPs. 6, 3 deque
  = usque CPs. 70, 17. MPs. 70, 19.
  = usque ad QLR. 48, 8. (139, 7).
desque a = usque ad MPs. 13, 2. 4. 15, 7. 18, 7¹ 35, 5. CPs. 13, 4. 18, 6. 70, 18. 71, 8. 73, 3. QLR. 27, 4.
dusqu'a R³189.
desque en = usque in MPs. 15, 11. 17, 54. 27, 12. 37, 6. 59, 10. CPs. 17, 51. 27, 10. 68, 1. 70, 17. 71, 7.
desur; desure QLR. 253, 8.
  = a QLR. 208, 4. 430, 4. 434, 7. (126, 17. 358, 12. 432, 12).
  = coram QLR. 432, 7.
  = de QLR. 213, 13.

= in [c. acc.] QLR. 328, 4.
desor R⁴4054. 7832. 11484. B²12263. 23322. 32764.
desore R⁴8143.
desus auf R¹236. R⁴5283. 8187. 8176. 8412. B²819. 12120.
12272. 15943. 16287.
desuz QLR. 132, 14. 238, 15. 248, 1. 5. 254, 9.
desus an (Gewässer) B¹15446. 21380. 22137.
desus fig. d. son gre B²17572.
de desus B²6709. 19117. 33204. 39517.
desuz unter
  = in QLR. 320, 8.
  = in medio QLR. 142, 15.
  = sub MPs. 9, 29. 13, 5. 16, 10. 65, 16. CPs. 8, 7. 9, 27.
    17, 9. 90, 4. 105, 41. QLR. 206, 3. 209, 8. 242, 8.
  = subter CPs. 46, 3. QLR. 258, 14. 295, 6.
  = subtus CPs. 17, 42. 43. QLR. 209, 5. 288, 5.
desoz R⁴6335. 8055. B²21373. 23943.
de desoz unter B²22149.
par desuz unter B²2111.
par desoz R⁴11067.
detriés hinter R³767. 771. 3527. 4985. R⁴7070. 16563. B²19984.
detrés B²18705. 27169. 34065. 40760.
detrés a B²5372.
devant
  = a QLR. 392, 4.
  = ad QLR. 30, 17. 87, 5. 115, 8. 150, 2. 179, 17.
  = adversum QLR. 164, 9.
  = ante MPs. 5, 5. 13, 7. 17, 46. 25, 26. 34, 6. CPs. 5, 9.
    9, 19. 15, 11. 17, 6. 43. QLR. 17, 12. 28, 9. 38, 8.
    47, 1. 66, 15.
  = apud QLR. 100, 14.
  = coram MPs. 50, 5. 55, 13. 61, 8. 71, 9. 87,1. CPs. 21,
    28. 22, 5. 37, 9. 39, 7. 49, 3. QLR. 5, 12. 11, 1. 17, 14.
    35, 5. 38, 11.
  = cum QLR. 142, 8. 297, 12.
  = [dativus] QLR. 202, 3. 360, 18. 361, 1.

= in circonspectu QLR. 9, 18.
= in conspectu QLR. 23, 9. 24, 14. 40, 10. 105, 5. 113, 2.
= in medio QLR. 59, 16.
= in oculis QLR. 106, 2.
= prae MPs. 44, 3. 9. 88, 27. 134, 5. CPs. 44, 7. 13. 67, 26. 134, 5.
= usque ad QLR. 48, 12.
Anm.: devant tuz QLR. 425, 14 = cumctis audientibus. devant nus QLR. 187, 4 = audientibus nobis. devant mei QLR. 85, 6 = me praesente. devant le pople QLR. 169, 17 = populo praesente. — devant lui aler QLR. 172, 12 — praecedere eum. devant mei vint QLR. 207, 11. = praevenit me.

dedevant B²2867. 4734. 13449. 13490. 14934.

devers
= a MPs. 15, 8. 44, 11. 108, 5. 30. 109, 1. 6. CPs. 15, 8. 90, 7. 108, 7. 32. 109, 1.
= contra QLR. 16, 4.
= ceram QLR. 338, 13, 421, 5. (107, 18).
= de QLR. 38, 11.
= ex CPs. 22, 5. 34, 3. 58, 4. QLR. 114, 2. (247, 8. 248, 18. 249, 1. 287, 14. 304, 5).
= in conspectu QLR. 309, 2.
= per viam QLR. 353, 17.

devers unter (einer Anzahl) B²33296.
dedevers unter (einer Anzahl) B²2391.
dedevers (lokal) gegen R¹186. B²10425. 17980. 19858. 28246. 33729.

el lieu = pro QLR. 192, 5. 198, 20. 242, 2. 260, 10.
el lieu de = pro QLR. 151, 5.

emprés; enprés QLR. 238, 15 nach
= post MPs. 62, 8. CPs. 62, 9.
emprés ice = postea MPs. 15, 3. 48, 13.
enprés bei = iuxta QLR. 238, 15.
enprés an B²31724.

en; mit Art. sg. el, pl. es. enl CPs. 82, 9. 105, 4. ens CPs. 95, 10. — em MPs. 88, 32.

= a CPs. 101, 24. 118, 152.
= [ablativus] MPs. 9, 23. 118, 152. CPs. 11, 2. 45, 9. 61, 8. 87, 7. 89, 16. QLR. 86, 8. 149, 12. 232, 8. 304, 18.
= [accusativus] CPs. 65, 11 entrer en = ingredi c. acc. vgl. QLR. 18, 3. 33, 5. 90, 1. 134, 8. 13. 155, 17.
= ad CPs. 72, 18. QLR. 7, 1. 45, 5. 46, 3. 63, 16. 103, 10.
= in [c. acc.] MPs. 5, 8. 9, 18. 16, 12. 29, 11. 14. CPs. 2, 13. 5, 7. 13. 7, 5. 16. QLR. 14, 4. 15. 1. 5. 17, 10. 23, 15.
= in [c. abl.] MPs. 1, 1. 4, 6. 7. 5, 9. 6, 6. CPs. 1, 6. 2, 5. 9. 11. 3, 2. QLR. 9, 8. 9. 14. 10, 3. 5.
= [casus obl.] QLR. 235, 12. 284, 6.

Anm. en + participium = part. QLR. 46, 19.

= super QLR. 41, 14. 80, 9. 208, 19. 223, 14. 224, 12.
= usque in QLR. 295, 16. 347, 11.

encuntre; MPs. 2, 2. 3, 1 encontre. QLR. 157, 6 encruntre.
= a QLR. 208, 2.
= ad QLR. 67, 1. 5. 6. 138, 7. 157, 6.
= adversum MPs. 3, 1. 26, 5. 6. 30, 17. 31, 6. CPs. 40, 7. 53, 3. 54, 19. 60, 2. QLR. 12, 9. 66, 13. 86, 12. 14. 87, 8.
= adversus MPs. 2, 2. 22, 6. 30, 22. 34, 3. 49, 21. CPs. 2, 2. 49, 20. 82, 3. QLR. 394, 9.
= contra MPs. 43, 17. 49, 22. 50, 4. 63, 8. 70, 6. CPs. 20, 12. 26, 4. 14. 34, 1. 17. QLR. 42, 10. 44, 8. 10. 46, 2. 52, 4.
coram QLR. 380, 10.
= cum QLR. 62, 12.
= [dativus] QLR. 12, 14. 50, 3. 313, 16. 402, 1.
= de QLR. 15, 8. 30, 15.
= e regione QLR. 238, 16.
= ex adverso QLR. 46, 1. 67, 13. 102, 12. 127, 6. 153, 18.
= in [c. acc.] MPs. 17, 43. 26, 18. 58, 1. CPs. 33, 16. 49, 20. 218, 9. 330, 8.
= in occursum QLR. 60, 3. 93, 2. 99, 4. 101, 2. 141, 18.
= in oculis QLR. 55, 18.
= obviam QLR. 43, 6. 44, 2. 116, 19. 397, 18.
= super QLR. 40, 8. 163, 1. 230, 18. 381, 13.

Anm. venir enc. [+subst.] = occurrere [+ dat.] QLR. 58, 11. 176, 18. 192, 11.

endreit gemäss
- = iuxta QLR. 431, 11.
- endreit was anlangt QLR. 72, 10. 265, 13. 282, 16. 283, 6. 316, 8.
- endreit auf (lokal) R⁴6647.
- endreit gegen (temporal) R³3886. B²27125. 34049.
- endreit gegen (Beziehung) R⁴812. 2058. 10723.
- *endreit de* betreffs = super QLR. 413, 15. 424, 6. (38, 4. 316, 16.)
- *en la de* jenseits B²14452.
- *enmi* = in medio QBR. 234, 16. 368, 11.
- *ensemble od*; ensemble ot MPs. 45, 7. 11.
- ensembl'o MPs. 109, 4.
- = apud QLR. 18, 11.
- = cum MPs. 45, 7. 11. 109, 4. CPs. 41, 8. QLR. 92, 5 (91, 19. 203, 6).

entre
- = adversum QLR. 168, 7.
- = contra QLR. 354, 7.
- = de QLR. 29, 2.
- = in [c. abl.] QLR. 35, 16. 41, 10. 58, 4. 69, 2. 210, 4.
- = in medio QLR. 33, 17. 427, 7.
- = inter MPs. 6, 7. 9, 11. 25, 29. 54, 20. 67, 14. CPs. 67, 14. 87, 5. QLR. 34, 3. 51, 8. 61, 5. 9. 82, 13.

entur
- = [abl. limitationis] QLR. 345, 10.
- = ad QLR. 298, 12.
- = apud QLR. 86, 1. 278, 6.
- = contra QLR. 161, 12.
- = cum QLR. 85, 16.
- = [gen. obiectivus] QLR. 294, 12.
- = in circuitu QLR. 103, 12. 367, 11. 19. 426, 12.
- = per circuitum QLR. 39, 18. 103, 6. 241, 1.
- = prope QLR. 387, 9.
- = quasi QLR. 45, 8. 90, 17.

Anm. esturent entur lui QLR. 86, 8. = circumstabant cum.

entor R⁴4899. 7571. 7849. 7962. 10181. B²2510. 8428.
14870. 16339. 17530.
entors B²33847.
d'entur B²4105. 5070a.
d'entor B²11512. 13522. 20453. 34670. 34778.
entre mi zwischen B²18791. 19854.

envers
= adversum MPs. 68, 15. 101, 9. 108, 4. CPs. 3, 1. 16, 11.
26, 4. 34, 16. 36, 7.
= adversus MPs. 14, 4. 93, 16. CPs. 14,5. 36, 12.
= apud MPs. 21, 27. 35, 10. 36, 24. 38, 17. 41, 12. CPs.
20, 6. 21, 26. 30, 12. 38, 14.
= contra QLR. 298, 13. 337, 15. 397, 20. (206, 27. 420, 8).
= coram QLR. 178, 8. 264, 6. 351, 11. 394, 6.
= [dativus] QLR. 263, 12. 295, 12.
= in [c. acc.] CPs. 144, 16. QLR. 95, 2.
= in conspectu QLR. 342, 21.
= in oculis QLR. 97, 11.

envirun
= circa MPs. 77, 32. CPs. 3, 2. (QLR. 26, 1).
= in circuitu QLR. 317, 13.
= per gyrum QLR. 334, 6. (233, 13 le mur e. Jerusalem
= murum J. per circuitum).
environ R⁴7991. 8402. 9802. 11092. B²21345. 26880.
33459. 36016.
envirun de QLR. 253, 10.
d'environ B²8190. 18798.
Anm. QLR. 26, 1 alad envirun Bethel. = circuiens B.
enz = in [c, acc.] QLR. 182, 16.
enz en = in [c. acc.] QLR. 360, 13. (258, 7. 327, 9).
= in [c. abl.] QLR. 94, 14. 132, 7. 272, 2. 377, 15.
= ex adverso QLR. 354, 2.

estre
= abs QLR. 245, 5. 421, 8.
= excepto QLR. 128, 2. 239, 20. 273, 6. 334, 24.

= praeter MPs. 17, 34. CPs. 17, 31. (QLR. 250, 4).
fors ausser
   f. [c. acc.] = excepto QLR. 234, 2. 433, 14.
   f. [c. nom.] = extra QLR. 145, 7.
   f. [c. acc.] = nisi [nach Negation] QLR. 70, 8. 84, 2. 116, 8. 259, 5.
   f. [c. nom.] = nisi tantum QLR. 363, 11.
   f. [c. nom.] = praeter QLR. 284, 5.
   f. [vor en prp.] = excepto QLR. 297, 16.
   f. [vor encuntre nach Negation] = nisi QLR. 338, 16.
fors ausserhalb B^2 13690. 13701.
   for ausser B^2 27081. 34080. 38995.
fors de ausserhalb
   = ab QLR. 210, 2.
   = de CPs. 68, 31. 142, 14. QLR. 426, 6.
   = extra QLR. 387, 12. (392, 10).
forsque [nach Negation] ausser R 56.
hors de
   = de QLR. 27, 3. 34, 15. 260, 1. 264, 11. 268, 14.
   = de medio QLR. 264, 9.
   = ex QLR. 421, 6. (131, 12. 232 r. 6. 295, 10. 325, 9).
   = extra QLR. 331, 9.
jesque; jesques QLR. 134, 7.
   = usque QLR. 25, 16. 79, 14. 86, 15. 182, 10. 215, 12.
   = usque ad QLR. 101, 7. 134, 7.
   = usque in QLR. 113, 9.
Vgl. jesque cha = hucusque QLR. 25, 10.
jesque a
   = ad QLR. 19, 6. 85, 9. 97, 1. 362, 18. 371, 7.
   = adversum QLR. 161, 17.
   = in QLR. 19, 13. 199, 2.
   = usque QLR. 13, 8. 87, 10. 99, 9. 178, 9.
   = usque ad QLR. 38, 10. 44, 17. 76, 5. (53, 2. 57, 19).
   = usque in QLR. 18, 3. 23, 2. 49, 9.
Vgl. jesque a cest point = hucusque. QLR. 144, 17.

jesque en
= cum QLR. 70, 15.
= in QLR. 5, 7. 42, 8. 103, 14. 339, 12.
jusques R³1902.
enjusque R⁴8942.
jusque a
= usque ad CPs. 104, 19. 134, 8. 136, 7. 146, 6.
jusque en = usque in CPs. 132, 3.
jusques en R³580.
juste = iuxta CPs. 140, 6.
joste R⁴3812. 5532. 6531. 6630. 7955.
lez längs, neben R³3340. 3767. R⁴535. 537. 590. B²2412.
19951. 25489. 28497. 30161.
les B¹1285. B²902.
lonc längs B²7684.
lung B²2641.
le long de B²28716.
mais que ausser B²1260. 6594.
mais que nach plus ausser B²734.
Vgl. ne plus mais B²1924.
mais sul que ausser B²7511.
mais sol B²8944. 37770.
ne el — mais nichts andres — als B²15802.
ne — mais nichts — ausser B²2086. 8490. 8508. 29957.
maugré trotz B²10573. 14098. 22859. 39978. 40102.
od; o R³1365. R⁴3562. 3880. 4102. 6133. B¹96. B²2881.
14367. 14559. 16731. ot MPs. 2, 11. 9, 7. 30. 15, 11.
17, 26. CPs. 9, 6. 11, 4. 17, 23. 25. 33, 3. oth MPs.
2, 11.
= [ablativus] MPs. 16, 2. 34, 19. 36, 12. 38, 16. 43, 1.
CPs. 34, 17. 41, 11. 80, 3. 143, 6. 147, 7. QLR. 64. 10.
= ad QLR. 13, 1. 361, 13.
= ante faciem QLR. 86, 1.
= apud CPs. 138, 13.
= circa QLR. 17, 1.
= coram QLR. 364, 18. 365, 13.

— 19 —

= cum MPs. 2, 11. 9, 7. 30. 15, 11. 17, 26. CPs. 9, 6. 11, 4.
17, 23. 25. 33, 3. QLR. 7, 3. 14, 14. 19, 10. 31, 4. 33, 10.
= [dativus] QLR. 98, 15. 269, 12. 337, 19.
= [et] QLR. 106, 16. 109, 7. 115, 3. 124, 5. 126, 7.
= [et-et] QLR. 175, 15.
= [genitivus] QLR. 59, 16. 180, 14.
= in QLR. 70, 3. 92, 6. 112, 3. 139, 14. 156, 4.
= in conspectu QLR., 7, 10.
= in medio QLR. 182, 11. 357, 5.
= inter QLR. 214, 4.
= post QLR. 44, 2. 62, 1. 224, 12. 230, 19.
= sub QLR. 143, 17.

ovec = cum QLR. 208, 5.
ovoc R[4]7676. 8512. 9067. 9708. 10433.
ové = cum QLR. 13, 6. 224, 17.

par

= a QLR. 59, 19. 176, 9.
= [abl. instrumenti] MPs. 3, 4. 5, 11. 7, 4. 11, 7. 13, 5.
CPs. 3, 4. 9, 16. 16, 10. 17, 30. 23, 4. (QLR. 2, 4. 15.
3, 15. 19. 4, 2).
= [abl. limitationis] CPs. 10, 2. 33, 18. 35, 10. 63, 10.
75, 5. QLR. 162, 9. (62, 19. 278, 19. 281, 4. 284, 10.
307, 1).
= [abl. modi] CPs. 89, 13. (QLR. 196 r 3. 4.)
[abl. temporis] MPs. 1, 2. 12, 2. 21, 2. 31, 4. 41, 3.
CPs. 1, 2. 5, 2. 16, 3. 56, 10. 76, 2. QLR. 63, 6.
127, 13. 211, 2. 277, 10. 432, 3.
= ad QLR. 313, 10. 315, 14. 389, 6.
= coram QLR. 133, 4.
= [dativus in lokaler Bedeutung] QLR. 13, 11. 119, 10.
= de QLR. 31, 17. 244, 1.
= [genitivus] QLR. 19, 2.
= in [c. acc.] QLR. 50, 1. 318, 19.
= in [c. abl.] CPs. 77, 64. 142, 15. QLR. 18, 9. 19, 11.
46, 4. 5. 98, 12.
= in manu QLR. 110, 14. 130, 17. 309, 14. 311, 19. 381, 14.

= iuxta QLR. 310, 3. 318, 7. 390, 17.
= per (beteuernd) QLR. 116, 1. 170, 8. 195, 5. 222, 9. 224, 1.
= per (instrumental) MPs. 15, 4. 32, 16. 65, 11. QLR. 109, 3. 5. 110, 9. 186, 4. 325, 1.
= per (lokal) MPs. 135, 16. CPs. 22, 3. 31, 9. QLR. 29, 5. 7. 8. 35, 4. 47, 6.

Anm. MPs. 8, 8 vunt par les sentes = perambulant semitas. QLR. 215, 11 alast par tutes les lignées entspricht perambula tribus.

= per (temporal) MPs. 6, 6. 7, 12. 41, 15. CPs. 21, 2. 41, 3. 60, 8 (QLR. 44, 19. 63 r 1. 97, 4. 243, 13. 243 r 5).
= propter QLR. 93, 2.
= super QLR. 92, 18. 186, 12. 295, 6.
= usque ad QLR. 152, 1.

par deled = ex latere QLR. 166, 18.
par desus über B³7669a. 19263. 22408.
par devant durch (lokal) R¹474. R⁴8295.
   par devant vor B²10503.
par en sum = super QLR. 258, 16 (250, 1).
par entre QLR. 213, 5.
par entur = per circuitum QLR. 301, 8.
par mi
   = in QLR. 187, 9. 246, 17. (117, 9. 127, 2).
   = per QLR. 377, 15 (70, 15. 247, 3).
   Vgl. QLR. 103, 14. je l'ferrai...par mi le cors = perfodiam eum.
par ultre = trans QLR. 81, 18.
per = [abl. instrumenti] CPs. 105, 28.
pres de; prez de R⁴9916.
   = ad QLR. 67, 3.
   = iuxta QLR. 32, 11. 80, 10. 157, 3. 216, 6. 270, 18.
   = prope QLR. 216, 7.
   = vicinus [c. dat.] QLR 16, 16. 221, 12.

Anm. MPs. 79, 13. passent pres la veie = praetergrediuntur viam pres ci de B²22988.

pro für par B³32902.

prof de nahe bei R⁴3841. 10213. B³34085.
   pruef de R³146.
   prev prue C R⁴9883.
puis nach R⁴2630. B⁴4518. 33952. 35550. 41715.
   pus B⁵6830a.
   pois R⁴8961. 9013.
pur; por CPs. 39, 6. 131, 10.
   = a QLR. 228, 5.
   = [abl. causae] QLR. 85, 12.
   = [abl. pretii] QLR. 219, 10.
   = [accusativus] QLR. 3,18. 332,7. (14,16. 213, 18. 298,18).
   = de CPs. 71, 15. (QLR. 172, 8).
   = in [c. acc.] QLR. 61, 4. 144, 7.
   = in directum QLR. 21, 15.
   = in usum QLR. 219, 5.
   = in [c. abl.] QLR. 65, 11. 71, 19. 239, 9.
   = post QLR. 103, 1.
   = prae MPs. 17, 14. 87, 9. 89, 13. 118, 28. CPs. 6, 7. 17, 12. 106, 34. 118, 28. QLR. 234, 16.
   = pro MPs. 31, 7. 34, 14. 37, 19. 21. 39, 10. CPs. 31, 7. 34, 13. 37, 18. 20. 38, 13. QLR. 5, 13. 6, 11. 9, 1. 10, 15. 16, 4.
   = propter MPs. 5, 9. 6, 4. 7, 8. 8, 3. 11, 5. CPs. 5, 8. 6, 4. 7, 7. 11, 5. 15, 9. QLR. 12, 12. 18, 2. 41, 5. 83, 5. 90, 10.
   = quasi in tener pur QLR. 4, 5. 164, 1.
   = secundum QLR. 145, 4.
   = super QLR. 81, 13. 121, 13. 14. 123, 7. 190, 9.
Anm. aler pur QLR. 30, 3. 140, 17 171 r 2. enveier pur schicken nach QLR. 81, 7. 252 r 3. 315, 14. 342, 1. 345, 12. pur num (verschrieben für par num? mit Namen QLR. 71, 7.
pur + inf. = inf. QLR. 371, 18.
      = ut c. conj. QLR. 2, 3. 5, 2. 9, 15. 19, 6. 56, 4.
      = ad + gerund. QLR. 58, 6. 13. 61, 7. 192, 1. 198, 6.
      = part. praes. QLR. 160, 6.
      = finaler Relativsatz QLR. 173, 1.
      = quod c. conj. QLR. 129, 15.

en por wegen B¹527. B²3107. 15914. 40303.
en pur B²57.
sanf ausgenommen R⁴7526. B²34768.
saus B²37721.
senz; sanz MPs. 43, 14. 58, 4. 78, 4. 106, 35. 142, 6. sen QLR. 57, 14. sainz R⁴4678. 5132. 5191. 5481. 5672. seinz B²6393. sens B²18243.
= abs MPs. 72, 26.
= absque CPs. 16, 1. 58, 3. 108, 25. QLR. 50, 17. 57, 15. 115, 1. 301, 16. 17.
= sine MPs. 3, 7. 9, 28. 14, 2. 43, 14. 58, 4. CPs. 9, 26. 14, 2. 15, 1. 34, 8. 40, 12. QLR. 29, 13. 409, 4 (4, 13. 20, 4. 42, 12).
vgl. QLR. 168, 17 senz mesprisun = innocens.
sulunc; selom B²12747. 35140.
selon B²9458. 9459. selum B²5449. 6991. 14169. selunc MPs. 5, 12. CPs. 5, 12. 7, 8. 50, 1. 74, 1. QLR. 317, 10. 396, 9.
solom B²25758. 28703. 30021. 30087. 30201. solon B² 28017. 30114. 31297. 31528. 32722. solonc R⁴5724. 6326. 10561. 10680. B²32677. solum B²3600. 4157. 6288. 9743. 11143. solun B²9153. 11056. 11135. solunc B²1663.
sulun QLR. 2281.
som B¹671. B²1311. 8388. 8399. 11219.
son B²363. 17241. 17423. 17863. 22026.
sum B²7673. 12638. 12639, 16422. 16940.
sun B²4502.
= [accusativus] CPs. 118, 9.
= cum QLR. 51, 17.
= in conspectu QLR. 208, 7.
= iuxta MPs. 61, 11. 118, 169. CPs. 27, 4. 85, 7. 118, 25. 28. 41. QLR. 10, 12. 13, 11. 20, 10. 27, 3. 43, 16.
= secundum MPs. 7, 9. 18. 9, 25. 11, 9 17, 23. CPs. 7, 17. 9, 24. 17, 20. 24. 24, 6. QLR. 80, 9. 99, 17. 105, 17. 207, 15. 208, 6.

s. c. subst. = sicut c. ind. QLR. 230, 8. 268, 3.
    par son B³35494.
som: en s. auf R⁴7968.
    par son B³34697.
soventre hinter R³918. 3882.
sur; sor R⁴3731. 3810. 3900. 4056. 4058. B¹506. B²1860. 2501. 3202. 3345.
    sour B³5282.
    = a QLR. 20, 16. 25, 15. 144, 11. 328, 7.
    = [ablativus] QLR. 35, 14. 186, 15.
    = ad QLR. 318, 15. 354, 19. 366, 3. 427, 5.
    = adversum QLR. 412, 9. 430, 11.
    = contra QLR. 300, 21. 326, 2. 340, 13. 376, 2. 430, 8.
    = [dativus] QLR. 31, 2. 35, 6. 131, 8. 436, 12.
    = de QLR. 397, 15.
    = [genitivus] MPs. 32, 18. 34, 10. 113, 6. QLR. 26, 5. 125, 3. 270, 7.
    = in [c. acc.] QLR. 90, 9. 94, 5. 15. 101, 17. 103, 16.
    = in [c. abl.] QLR. 55, 13. 99, 13. (95, 4.)
    = iuxta QLR. 125, 16.
    = per QLR. 19, 1.
    = super [c. acc.] MPs. 2, 6. 3, 8. 4, 7. 7, 9. 8, 2. CPs. 3, 9. 4, 5. 8. 7, 6. 16. QLR. 6, 4. 7, 8. 12, 9. 14, 13. 16, 4.
    = super [c. abl.] MPs. 32, 18. 34, 10. 113, 6.
par sor über B³25522.
sus auf R²126. B²16314. 16569. 18857. 19236. 19787.
    sus an (Fluss) R¹402. B³28130.
par sus über (Fluss) B²7669a. 7743.
par sus an (Fluss) B³15953.
suz; soz R⁴6970. 7579. 8345. 8368. 9150. B¹81. B³3055. 7724. 11050. 11670.
    sus B¹1191. B²607. 2101. 3064. 3140. sos B³8547. 11687. 12514. 12612. 14461. sous B³242 unter.
    = sub MPs. 8, 7. 17, 11. 51. 44, 7. 46, 3. CPs. 17, 39. 40. 48. 44, 5. 46, 3. QLR. 45, 8. 210, 1 (248, 6. 320, 11).

= subter QLR. 186, 16. 320, 4.
= subtus MPs. 17, 40. CPs. 17, 37.
de suz unter QLR. 36, 18.
par sus unter (Anzahl) B²2371. 2465. 5326.
travers quer über R⁴325. 4483.
tres hinter B²19853.
    triés R⁴2248. 7584. 10078.
tres par bis = usque ad QLR. 152, 1.
par tres mi durch (lokal) B²11856.
tres par mi durch (lokal) B²7749. 19967. 21407.
tresqu'a bis R¹356. 357. 381. 742. R⁴3369. B¹899, 994. 1313.
    1416. 1671.
tresqu'en B¹888. 1084. B²2108. 19995.
ultre; oltre R⁴4320. 6108. 6224. 7227. 7763. outre B²10087.
    25260. 35117. 38587. utre B²10140. 15832. 17027.
    19300. 25963 jenseits.
    = intra QLR, 327, 10.
    = trans CPs. 17, 13. 105, 9. QLR. 119, 3. 153, 13. 240,
    3. 293, 8. (125, 4).
    Anm. QLR. 127, 19. 192, 11. 196, 6. 317, 20. ultre c. acc. = trans
    — + vb. + acc.
    = ultra CPs. 71, 5. 17.
    ultre gegen: u. sun gre R³46681.
    ultre ausgenommen R³2959.
    ontre über hinaus (temporal) B²15196.
d'ultre von jenseits R³614. R⁴1712. 1989.
    d'outre von jenseits B²10117. 29531.
    d'utre von jenseits B²29031.
vers; ver QLR. 364, 6.
    = a CPs. 68, 7.
    = ad CPs. 138, 7. QLR. 54, 13. 87, 6. 104, 8. 127, 9.
    140, 1.
    = adversum QLR. 39, 5. 52, 2. 62, 4. 66, 14. 78, 16.
    = adversus QLR. 87, 16. 304, 10.
    = apud CPs. 61, 1. 83, 7. 89, 17. 108, 15.
    = contra QLR. 67, 13. 140, 3. 310, 5. 319, 1. 414, 2.

= coram QLR. 354, 10. 392, 19. 393, 13. 394, 13. 401, 3.
= [dativus] CPs. 61, 5. QLR. 73, 14. 98, 9. 99, 5. 133, 16.
356, 7.
= de QLR. 409, 18.
= in [c. acc.] QLR. 8, 17. 9, 1. 76, 5. 77, 3. 88, 5.
= in conspectu QLR. 304, 20. 308, 11. 333, 1.
= in oculis QLR. 77, 10. 81, 1. 170, 17. 176, 2.
= per viam QLR. 21, 10.
= super QLR. 67, 18. 78, 15. 99, 16. 237, 2. 397, 24.
= usque ad QLR. 365, 14.
vgl. QLR. 194, 15 cunduire vers.... = traducere.

Adverbien.

a) Adv. des Orts:
adenz; asdenz $R^1$579. $R^4$1749. $B^3$5200. 7219. 27251. 33507
auf dem Gesicht.
= pronus QLR. 17, 11.
aillurs anderswohin QLR. 18, 16.
aillors $R^4$4136. $B^2$19380. 20849. 22772. 27799.
aillurs anderswo $R^3$455. 1805. 1811. 2279. 2280. $B^1$896.
$B^4$4678. 24749.
aillors $R^4$3906. 8933. $B^2$894. 14123. 19348. 22307. 23932.
ambore zugleich $B^3$5537.
amunt; amont $B^3$32519. 35499 oben.
= in culmine QLR. 189, 3. (248, 5. 254, 4. 255, 16. 286, 11).
amunt nach oben = in montem QLR. 358, 11 (249, 13).
d'amunt von oben = de excelsis QLR. 33, 5.
en amunt nach oben = sursum QLR. 35, 14. (171, 6. 246,
13. 250, 11. 273, 17).
ariere; arere CPs. 34, 5. arerre $B^3$10013. 37778. arrere B^2
21456. 21555. 25090. 25166. 39043. arriere CPs. 69, 2.
arierre $B^2$11791. 20024. 33492.
arieres $R^3$161. 1042. arerres $B^2$28440. rückwärts
= retro MPs. 43,20. CPs. 43, 18.

= retrorsum MPs. 9, 3. 34, 5. 39, 20. 43, 12. 55, 9. CPs.
9, 3. 39, 18. 55, 9. 69, 2. 113, 2. QLR. 123, 3. 417, 18.
418, 1 (11, 14. 157, 7. 176 r 2).
= re — [+ verbum] CPs. 80, 6. QLR. 20, 3. 4. 175, 5.
176, 1. 397, 26.

en ariere zurück R³508.

astetei sieh da
= ecce MPs. 7, 15. 10, 2. 36, 38. 38, 7. 39, 10.
este tei = ecce CPs. 7, 14. 10, 2. 50, 6. 7. 51, 6.

aitevus = ecce MPs. 32, 18.
astevus = ecce MPs. 47, 4. 132, 1. 133, 1.
estevus = ecce CPs. 32, 18. 36, 36. 38, 6. 39, 9. 11.
QLR. 37, 1. 48, 1, 116, 3. 178, 9. 286, 3.
eistesvus = ecce CPs. 131, 6.
este le vus = ecce QLR. 321, 5. 337, 14.
est les vus QLR. 167, 3.
eis les vos R⁴4899.
eis vus R¹313. 433. 650. 651. 677.
eis vos R⁴3667. 4969. 5871. 5897. 6711.

a un zusammen B²2236. 2989. 21956. 32647. 37336.

aval hinunter QLR. 178, 8. 202, 12. 247, 22. 377, 16.

avant vorwärts QLR. 32, 8. 47, 14. 59, 6. 81, 7. 90, 6.
Anm. QLR. 32, 6 alt a. = antecedat. MPs. 44, 5 va avant = procede, ebenso MPs. 146, 9. CPs. 72, 7. 105, 32. QLR. 387, 3.
QLR. 94, 8 tinta = pergebat.
d'avant d'avant metre B²903. 34698.
d'avant aler B²37403.

en avant nach oben zu = sursum QLR. 29, 3 (61, 13).
en a. fig. in metre en a. fördern R⁴826.

bas tief B²7668. 13553. R³2751.
en bas liegend B²21360.

cha; ça CPs. 72, 10. QLR. 49, 14. 79, 20. 90, 18. 312, 6. 372,
13. cai B²976. 30172. cea R⁴1999 (B ci) 2911 (B cai,
C cha) hier
= ecce QLR. 30, 4. (47, 10. 372, 13).

cha hierhin
= ad + subst. QLR. 49, 14. 50, 1. 85, 4. 151, 15.

= huc CPs. 72, 10. (QLR. 110, 10. 163, 2. 175, 4. 312, 6. 382, 7). vgl. jesque cha = hucusque QLR. 25, 10.
cha e la hierhin und dorthin
= huc et illuc QLR. 47, 10. 232, 6 (90, 18).
= in duas partes QLR. 315, 17.
de cha auf dieser Seite = ex parte hac QLR. 61, 8.
de ça = intra + acc. QLR. 79, 20.
dedeça $B^2$18087. 19277.
deça—dela hier — dort $R^3$1149. 3044. 4482. $R^4$8156. 9043. $B^2$12273. 15960.
de cea- dela $R^4$1705 (de la A — de cea AC).
de cha—de la $R^4$4604.
en ça auf dieser Seite $B^2$15123.
cha enz hier drinnen QLR. 84, 10. 263, 4.
ça enz $R^3$1442.
chief: en ch. besonders $B^2$2316.
ci hier
= ecce QLR. 11, 7. 8 vgl. QLR. 135, 3. 167, 1. 198, 20 veez ci = ecce. QLR. 311, 8 e vei mei ci = en.
= hic QLR. 84, 6. 8. 189, 14. 320, 19. 321, 14.
vgl. QLR. 352, 14 pres de ci = hic.
ci hierhin = huc QLR. 50, 13 (58, 12. 62, 4. 64, 9. 413, 7).
cuntraire: a. c. entgegen $R^4$3289. a contraire $R^4$5434.
cuntremunt nach oben $R^4$601.
contremunt $B^1$1350. $B^2$1069. 3014. 26074. 28810.
cuntreval nach unten $R^3$941.
contreval $R^4$11074. $B^2$912. 5677. 5884. 16389. 18775.
dedenz; dedanz $B^2$19257 drinnen
= intus CPs. 16, 8. (QLR. 246, 14. 247, 8. 16. 247 r 12. 248, 3).
= ab intus MPs. 44, 15.
= intrinsecus CPs. 44, 13. 61, 4. 93, 19. 108, 23.
par dedenz inwendig $R^3$2100.
dehors draussen $B^2$10542.
dejuste daneben $R^2$2937.
dejoste $R^4$5413.

deriere hinten
= post tergum QLR. 152, 15. 299, 13.
= in parte posteriori QLR. 273, 17.
desure; desur nur QLR. 338, 19 oben auf
= desuper QLR. 390, 5. 400, 5.
= super + acc. QLR. 118, 13. (247, 13. 248, 2. 250, 8. 253, 9. 338, 19).
desus oben
    desuper MPs. 77, 27. CPs. 73, 5. 77, 24. QLR. 260, 17 (255, 4).
desus von oben herab = desursum. MPs. 49, 5.
desus obendrein R³9411. 9678.
al desus oben R³7269. B²1252.
de desus oben B²28739. 32311.
desus—desuz aufwärts — abwärts B²7657.
    desus—desoz oben - unten B²22028.
    el desus—el desoz oben — unten B²32054.
desuz von oben herab
= deorsum QLR. 260, 17.
= desursum CPs. 49, 4.
desoz darunter B²22149.
de desoz unten B²32534.
el desoz abwärts B²8983. 18023.
    en desoz abwärts B²32640.
par desoz nach unten zu B²32906.
detriés hinten: a lur d. QLR. 18, 7.
    detriers = retrorsum CPs. 138, 6.
devant vorn
= ante CPs. 138, 6. QLR. 30, 4.
Anm. QLR. 33, 10 en va d. = descendens ante me und QLR. 62, 3. ala d. = antecedebat eum.
= ex adversó QLR. 152, 15. 299, 13.
= ad + vb. QLR. 407, 15.
Anm. verbum + d. = ad + vb. QLR. 407, 15. prae — + vb. MPs. 35, 11. CPs. 16, 13. QLR. 99, 1. 139, 13.

= pro [− + vb.] CPs. 136, 6. (85, 14).
al devant voran B²19947.
dos in der Richtung des Rückens
   = dorsum MPs. 17, 44. 20, 12.
dreit gerade
   dreit a = in QLR. 321, 20.
   dr. en QLR. 368, 7.
   dr. encuntre = contra QLR. 138, 19.
dunt; dŭ QLR. 268, 8. 274, 5. dum QLR. 5, 18. 254, 9. 265,
   4. 279, 11. 333, 6.
   dun QLR. 414, 19. dont R⁴5168.
   donc R⁴6059. 7471. 7472. 7686 woher
   = unde MPs. 120, 1. CPs. 18, 11. 120, 1. QLR. 115, 13.
   120, 6. 121, 16. 365, 3. 369, 9.
   = per + acc. QLR. 414, 19.
dunt fig. als Objekt intellektueller Vorgänge: worüber
   = dat. rel. pron. QLR. 112, 15.
   = acc. rel. pron. QLR. 265, 4,
   = abl. rel. pron. QLR. 430, 2.
   = de + rel. pron. QLR. 93, 15. 142, 8. 261, 13. 404, 16.
   430, 6.
   = super + rel. pron. QLR. 275, 11.
dunt instrumental: wodurch
   = abl. rel. pron. QLR. 279, 11 (5, 18. 254, 9. 279, 11.
   333, 6).
   = e + rel. pron. QLR. 389, 3.
en; em QLR. 129, 8. 268, 8 von dort
   = inde QLR. 203, 5. 271, 3. Dann bei aler fuir porter
   venir QLR. 3, 8. 16, 10. 17, 8. 54, 13. 92, 5.
en fig. als Objekt geistiger Vorgänge: darüber unter
   QLR. 1, 4. 3, 2. 6, 8. 7, 15. 10, 6.
encuntre; encontre R⁴8585. B²4502. 21492. 27945. 34294.
   entgegen
   = obviam + subst. QLR. 14, 2. 300, 23. vgl. CPs. 84, 10
   e. cururent. = occurrerunt.

encuntre im Gegenteil QLR. 77, 10.
e encuntre = autem QLR. 34, 17.
endreit gerade QLR. 364, 14.
enmie in der Mitte R⁴3915.
ensemble zugleich; ensemle R⁴2328. 2343. (Densemble) ensenble R⁴4851. 5462. 6133. 6494. 6495. B²5613. 10242. 19063. 23778. 27577.
= pariter QLR. 41, 11.
= simul MPs. 30, 17. 36, 40. 82, 5. 97, 9. CPs. 48, 10. 54, 14. 61, 9. 72, 8. 101, 21. QLR. 126, 4. 202, 10 (88, 18. 127, 7. 141, 7. 195, 3).
Anm. CPs. 146, 3 lied e. = alligat. vgl. ens. + vb. = con − + vb. MPs. 34, 18. CPs. 33, 5. 37, 5. 96, 4. 135, 16.
entur; entor R⁴4327. 9822. B²3158. 18285. 19091. 25547. 30275 im Umkreis
= in circuitu QLR. 253, 9. (244, 15. 246, 18. 247, 2. 250, 15. 267, 15).
= per circuitum QLR. 119, 9. 254, 5.
vgl. entur + vb. = circa − + vb. CPs. 47, 13 und entur + vb. = circum − + vb. QLR. 18, 16. 19. 67, 16. 216, 6.
d'entor im Umkreis B²5080. 29351. 29617. 34403. 37980.
en un zusammen
= in unum MPs. 2, 2. 47, 4. 70, 12. 101, 23. 132, 1.
= simul in unum MPs. 48, 2.
envers rückwärts = retrorsum QLR. 16, 13.
d'envers auf dem Rücken B²16484. 20009.
envirum im Umkreis QLR. 253, 4.
environ R⁴6657. 8786. 9308. 9561. 9913. B²3445. 5945. 12215. 25039. 34415.
d'envirun im Umkreis B¹944. 1026. 2063. B²1401.
d'environ B¹274. B²3462. 15714. 20878. 27614.
enz hinein QLR. 255, 15.
enz zu en − + vb. hinzutretend CPs. 63, 7. QLR. 157, 7.
enz + vb. = intro − + vb. CPs. 65, 9. QLR. 141, 12.
enz drinnen QLR. 412, 17.
espalde in der Richtung der Schulter = humerum CPs. 20, 12.
estal: a. e. aufrecht R⁴1551. 8027.

estant: en c. anwesend R³1578. 4094. 4183. R⁴579. 8967. B¹970. B²2640, 15474. 18155. 25127.
  en estant aufrecht R³257.
fors hinaus, hinweg
  = foras MPs. 30, 15. 40, 7. CPs. 40, 6. QLR. 164, 15. (74, 18. 249, 18. 255, 17).
    Anm. foras + vb. = e — + vb. MPs. 42, 3. 67, 7. 8. 134, 7. 9. CPs. 43, 2. 51, 4. 67, 8. 74, 8 77, 16. QLR. 132, 2. 321, 4. 367, 10. 426, 15. vgl. CPs. 87, 8 fors alant = prodeuntem.
  fors draussen R³2115. 3292. 40762.
defors draussen
  = extrinsecus QLR. 259, 4.
  = foris QLR. 383, 15 (59, 3. 246, 14. 19. 247, 6).
  = in agro QLR. 332, 16.
  = in regione QLR. 306, 9.
  el defors hinaus B³10542.
halt hoch bei lever QLR. 247, 20. 255, 6. 273, 18.
  haut R⁴10320. B²2062. 7668. 13553. 25998. 28075.
haut laut R⁴9290. B¹1223.
  mult halt laut = voce magna QLR. 190, 13.
en haut hoch R⁴4299. 8174. 8752. 8910. 9313. B¹1857. B² 50. 4440. 4489. 5508. 7377.
en haut laut R⁴4956. 6601. 8260. 9316. B³19758. 37407.
hors hinaus R⁴2266. 8082.
  hors draussen B²11180. 12198. 16745.
i dort, da
  = ecce QLR. 101, 10.
  = hic QLR. 30, 3. 4.
  = ibi QLR. 5, 4. 18, 19. 33, 1. 38, 5. 84, 1.
i dorthin = illuc QLR. 367, 8. 403, 14. (8, 5. 9, 11. 22, 20) (CPs. 23, 7. 70. 3).
ici hier
  = ecce QLR. 29, 18.
  = ecce hic QLR. 89, 6.
  = hic MPs. 131, 15. CPs. 131, 14. QLR. 231, 7. 347, 10. 17. 348, 6. 371, 5.
  = in loco isto QLR. 261, 16.

vgl. QLR. 350, 1 vei ici = ecce. QLR. 12, 1 veez mei ici = ecce ego.

ici hierhin R³2326.

d'ici von hier = hinc QLR. 310, 5 (53, 15. 76, 9. 410, 7).

iloc; illoc R⁴4022. 5400. ilo B³42197. iloec R³1806. 1822. 3337. R⁴1469. 2006. B²1076. 2550. MPs. nur iluec CPs.: iluc 132, 3 und iloc 13, 8; sonst iluec. QLR. hat iluec nur 348, 8; iluc 247, 9; iloches 24, 1. ilokes B¹1029. iloques B³939. illoques R⁴5090. 5327 dort
= ibi MPs. 22, 1. 35, 13. 47, 6. 65, 5. 67, 29. CPs. 35, 12. 47, 6. 52, 5. 65, 5. 136, 1. 3. QLR. 138, 14. 224, 10. 266, 2. (22, 1. 76, 22).
= illic MPs. 13, 9. 49, 24. 52, 6. 86, 4. 103, 18.

iloc dorthin = illuc MPs. 121, 4. 131, 18. 138, 9.

d'iloc von dort = inde QLR. 85, 8. 15. 93, 4. 226, 3. 284, 19.

jus auf die Erde R³355. 2609. R⁴1564. 8301. 8814. B⁵5660. 5817. 7024. 11835. 11865.

la dort
= ecce ibi QLR. 82, 2.
= ibi QLR. 26, 3. 119, 5. 122, 19. 126, 9. 167, 7.
= in c. abl. QLR. 204, 3. 6. 264, 1. 339, 12. 348, 3.

la dorthin
= ad c. acc. QLR. 82, 1. 103, 4. 115, 18.
= illuc QLR. 281, 4. 321, 20 (22, 20. 103, 4. 8.)
= in c. acc. QLR. 79, 15. 83, 6. 414, 17.
= per viam QLR. 263, 8.
vgl. jesque la = illuc QLR. 29, 14.

Anm. la — ça hier — dort B¹172. 175.

de la von dort = inde QLR. 167, 13. 274, 9. 382, 5 (67, 15. 93, 6).

de la auf der andern Seite
= ex altera parte QLR. 61, 9.

en la auf der andern Seite R³2706.

par la u la hierhin und dorthin R³1006.

la enz dort drin

= ibi QLR. 249, 2 (250, 16).
la ens R⁴2062.
leenz R⁴4346.
lau (verdorben?) dorthin B⁸41531.
leu : nul l. irgend wohin B²13324.
nul l. irgend wo B⁸18819. 19396. 23335. 36592.
cel leu hier B²36137.
lez a lez nebeneinander R³1939. B²39116.
luinz;
loinz CPs. 137, 6. 138, 2. loin CPs. 54, 7. 87, 8.
luin CPs. 9, 25. 21, 1. 11. QLR. 348, 11. luein CPs. 9, 21.
luinc CPs. 37, 11. lunc R²216. luing CPs. 21, 20.
loing R⁴533. 4139. B²4263. 23240. 25306. 28250. 37303.
loig R⁴3748. 3879. 4348. 4855. 5110 fern
= longe MPs. 21, 1. 39, 15. 64, 6. 87, 8. 118, 150. CPs.
21, 1. 11. 20. 87, 18. 118, 155. QLR. 104, 6. 263, 14.
vgl. CPs. 147, 6 geted luinz = proiicit.
a loinz entfernt = a longe CPs. 137, 6.
de luinz entfernt
= a longe MPs. 137, 7.
= de longe MPs. 37, 12. 138, 2. CPs. 138, 2.
= longe CPs. 37, 11. QLR. 348, 11. (47, 17).
de luing R³757. R⁴1604. 1999. 3024. 3560.
de loing R⁴2089. B²14600.
de loig R⁴3868. 7875. 9815. 9897. 11046.
en luin entfernt
= a longe CPs. 9, 21.
= longe MPs. 9, 22. CPs, 9, 25. 87, 8.
= procul CPs. 54, 7.
en loinz B²20765. 33302.
lonc lang R⁴8310.
del long del le in die Länge und Breite B²4710.
monceaus: a. m. haufenweise B²2261.
onc: par o. wohin R⁴3740. 4322. 5200. 7821. 9841.
parfont tief B²29140.
par mi in zwei Teile = in duas partes QLR. 236, 16.

par mi durch un durch R⁴1572.
par mie zur Hälfte R³1031.
part: cele part dorthin
= illuc QLR. 366, 10 (199, 9. 311, 2).
altre p. anderswohin = per alteram viam QLR. 313, 15 (377, 11).
ne — nule part nirgend wohin = non quoquam QLR. 365, 14.
quel part wohin
= quo MPs. 138, 6 (QLR. 21, 9. 23, 10. 175, 17. 368, 3).
= per quam viam QLR. 288, 2.
quel part que wohin auch immer
= quocumque QLR. 52, 4 (148, 16).
une part nach einer Seite hin
= in partem unam QLR. 51, 1 (18, 1. 70, 16. 254, 12).
= per viam unam QLR. 313, 15.
= seorsum QLR. 160, 5.
par Aut überall QLR. 4, 18. 18, 16. 35, 2. 48, 8. 52, 15.
par tot R⁴3808. 3827. 4672. 4871. 6201. B³389. 2665. 4836. 7121. 7229.
par tut überall hin = ubicumque volueris QLR. 46, 6.
par tut u = quocumque QLR. 227, 4.
pres nahe bei
= iuxta MPs. 33, 18. CPs. 33, 18.
= prope QLR. 84, 10. CPs. 84, 9. QLR. 263, 4.
= vicinus QLR. 330, 2.
vgl. CPs. 70, 10 pres guardoent = observabant.
pres fast QLR. 277, 3.
pres a pres nahe aneinander QLR. 246, 4.
pres a pres näher und näher B²33478.
de pres nahe QLR. 66, 16.
de prez aus der Nähe B⁴30132.
de plus pres näher QLR. 236, 6. 324, 16. 324 r 7.
proef; prof R⁴3838. 4348. 4355. pruef MPs. 118, 151 nahe
= prope MPs. 118, 151. CPs. 118, 151.

de pref (BC de pres) aus der Nähe R⁴2920.
puis weiterhin R¹189.
reiisuns : a r. rückwärts B²25809.
som : en s. oben R¹9112. B²3023. 12423. 15100.
en sum B¹319. B²1377. 21842. 32458. 32721.
sure darauf QLR. 257, 5.
sore R⁴10567. B²8989. 10950. 16139. 18779.
vint sure überkam QLR. 403, 12.
sus auf
  sus lever = surgere CPs. 35, 12. 131, 8. QLR. 160, 7.
    292, 20. 330, 6 (17, 2).
  sus venir = ascendere QLR. 110, 2. 184, 3. (110, 10).
  sus emporter QLR. 349, 6.
  sus ester = subsistere CPs. 68, 2.
  sus e jus = huc atque illuc QLR. 359, 14.
  en sus weiter : se traire en s. QLR. 51, 1. 80, 10. 348, 10.
teise : a. t. auf eine gewisse Entfernung B²35496.
travers : a tr. durch und durch R⁴1533. 7720. B²28306. 33604.
de tr. quer R⁴1750.
del tr. quer davor QLR. 248, 15.
del tr. im Durchmesser QLR. 254, 4.
en tr. im Durchmesser QLR. 255, 14.
en tr. hindurch R⁴8297. 8751.
en tr. fig. vollständig QLR. 285, 13.
a *traverse* durch und durch R⁴3999. 4000. (3999 a travers
  D; 4000 justravers C, a travers D).
u; ou CPs. 45, 8. 138, 8. 16. o R⁴999 wo
  = acc. rel. pron. QLR. 143, 6.
  = in + abl. QLR. 30, 2. 90, 1. 92, 4. 103, 5. 112, 11.
  = super c. acc. QLR. 344, 11. 345, 6.
  = ubi MPs. 13, 9. 41, 3. 52, 6. 77, 66. 83, 3. CPs. 41, 3.
    10. 78, 11. 83, 3. 94, 9. QLR. 11, 6. 31, 3. 33, 4. 92, 2.
    410, 13.
  = ubicumque QLR. 374, 2.
u wohin = quo MPs. 138, 6. CPs. 45, 8. 138, 8. 16. QLR. 115,
  13. 175, 5. 314, 7. vgl. QLR. 320, 1 la u = quocum-

que. QLR. 227, 9 partut u = quocumque. QLR. 263, 8 la u = per viam quocumque.

u que wo
  = in quocumque loco QLR. 182, 12.
  = ubicumque QLR. 143, 13 (73, 9. 147, 9).
  u ke = ubi QLR. 240, 13.
u que wohin R^{3}753. 1340.
ultre vorbei R^{2}255.
unt : par unt wodurch
  = abl. QLR. 304, 21. (4, 3. 22, 16. 241, 11. 22).
  = per c. acc. QLR. 45, 14.

b) Adv. der Zeit.

adés zu gleicher Zeit B^{1}855. 1118. B^{2}1771. 2974. 4949. 25295. 25400.

amplius*)
anceis vorher R^{1}197. 713. R^{2}2782. 3806. R^{4}69. B^{3}3288. 16517.
  vgl. cum ainceis puet so bald wie möglich B^{2}14506.
  enceis früher B^{1}1842. R^{4}2602.
antan im vergangenen Jahre R^{4}838.
anuit bei Nacht R^{2}2703. B^{1}1557. 1582. B^{2}1461.
aprés später, nachher
  = porro QLR. 384, 14.
  = postea QLR. 33, 4 (30, 4. 36. 4, 102, 5. 241, 19. 251,3). CPs. 72, 24.
  = post haec QLR. 33, 4.
en aprés danach B^{1}1971.
ariere; arere B^{2}26562. 32140. arerre B^{2}27814. 39916. 41440.
  arier R^{4}641. arriere B^{2}117. 972. früher
  an ariere im Jahr zuvor QLR. 414, 9.
  ariere später B^{1}907. B^{2}26562.
  ariere zuletzt B^{3}8396.
en ariere später R^{4}641. B^{2}117. 12831.
  d'en ariere später B^{2}27814.
  d'en a. früher B^{1}907. B^{2}2885. 7359.

---

*) amplius (lat.) fernerhin = amplius MPs. 50, 3. 61, 2. 73, 10. 87, 5. 102, 15.

a tant sogleich R³522. 3315. 3817. R⁴3061.
   atant jetzt R³2529. 3045. R⁴1113. 1601. 2407. B²6022.
      6596. 8186. 11789. 19276.
autre feiz ehemals B²35724.
avant dann, hierauf = porro QLR. 82, 2.
   avant vorher R¹49. 84. R⁴18. 115. 2509. B²916. 3252.
      14513. 20258. 25386.
   d'avant früher B²2490. 35772.
en a. fernerhin = deinceps QLR. 6, 1. 59, 17. 70, 9. 117, 11.
      427, 12.
bref: en br. in Kurzem B²34846. 35889.
but: de b. nacheinander B²4236.
   de bot sogleich B²21687. 22763.
   de bot nacheinander B²38282.
   tot de bot sogleich B³14277.
ci jetzt B⁹8571. 8589. 8607.
de ci nunmehr R³3160. B²2459.
combien wie lange B²10914.
demain morgen
   = cras QLR. 30, 13. 79, 12. 110, 18. 319, 15. 381, 1.
   = crastino QLR. 77, 15. 78,14 (341, 5).
puis d. übermorgen = perendie QLR. 78, 15. 79, 14.
dementieres: tant d. unterdessen QLR. 244, 12.
   dementres B²36717.
   en tant dementre B²37203.
depuis seitdem B²16715. 35696. 40016.
derechief; derrechief MPs. 70, 23. derechef QLR. 126, 17.
   dechef B²666a. 18062 wieder
   = addere [ut c. conj.] QLR. 13, 10.
   = addere adhuc [ut] QLR. 138, 16.
   = iterum MPs. 70, 23. CPs. 70, 20. QLR. 82, 3. 318, 9.
   = pariter QLR. 153, 11.
   = rursum QLR. 11, 10. 17, 14. 75, 5. 76, 2. 80, 15.
   = rursus QLR. 188, 13.
   = secundo QLR. 317, 19. 380, 15.
   vgl. QLR. 320, 14 d. vint = reversus est.
      Ebenso QLR. 323, 9.

derrain: al d. zuletzt R³356.
derrere zuletzt B²24009.
cn deriere schliesslich R⁴5895.
devant vorher
    = ante QLR. 164, 6. (34, 1. 48, 3. 65, 6. 84, 2. 266, 3).
    Anm. le jur d. = ante unam diem QLR. 30, 12.
    = heri et nudiustertius QLR. 74, 7.
    = prius QLR. 77, 6. 143, 18.
    = supra QLR. 62, 17.
    vgl. QLR. 12, 11. dis d. = praedixi; ebenso QLR. 27, 5. 144, 1.
doble: al d. doppelt B²16439.
    au d. B²22670.
    quatre duble vierfach = in quadruplum QLR. 158, 15.
    a set duble siebenfach = septuplum MPs. 11, 7. 78, 13. CPs. 11, 6. 78, 13.
dreit gerade (sich auf einen Zeitpunkt beziehend) B²23330. 24701. 24718. 39274. 40837.
dunc; donc R⁴4533. 4635. 4743. 4903. 5233. B²2822. 3000. 5991. 7197. 7354. donques B²11392 dann
    = porro QLR. 368, 1. (20, 6. 21, 11. 35, 15. 37, 10. 40, 6.)
    = tunc MPs. 50, 20. 68, 6. 95, 12. CPs. 18, 13. (63, 10.) 68, 6. 77, 34. 95, 12. QLR. 4, 7. 139, 4. 203, 6. 270, 14.
dunc damals
    = ante QLR. 326, 13.
    = tunc MPs. 18, 14. CPs. 39, 9. QLR. 50, 5. (2, 5. 14, 9).
    e donc—e donc bald—bald R⁴2032.
adunc da B¹597. 1092. 1334. B²170. 2021.
    adonc B²3361. 7201. 7772. 7788. 9549.
adunques B²7791. 11469. 34983.
idunc damals = tunc MPs. 92, 3. CPs. 92, 2.
a idunc = in die illa QLR. 47, 15. 307, 10. (23, 2. 45, 7. 234, 5. 342, 8).
    idonc R⁴8869. B²20090. 35061.
idonques B²37795.
einz früher QLR. 64, 4.
    tuit ki e. e. alle nacheinander = unusquisque QLR. 15, 13 vgl. ki e. e. QLR. 354, 8. 371, 16.

ainz R^{1}375. R^{8}116. 2896. 3034. 4099. B^{1}396. 1601. B^{2}61. 765. 785.

   cum ainz porent so bald wie möglich R^{8}1839. 5208. R^{4}995. 1769. 3333.

   ki ainz ainz nacheinander R^{4}1083.

   a qui a. a. so schnell wie möglich B^{2}719. 3839. 19742. 28450. 30441.

   ainz lieber R^{3}1733. 2816. 2820. 4057.

emprés darauf R^{1}216. R^{3}163. 1971. 2136. 2138. B^{1}295. B^{2}28508.

   enprés R^{3}9502. R^{4}622. 1762. 5131. 5220.

encore; encor R^{3}204. 593. 690. 1429. 1456. B^{2}784. 3611. 6330. 10593. 11006 noch jetzt, noch dann

   = adhuc QLR. 121, 8. 133, 15. 342, 8. 356, 3. 377, 11.

encore nochmals

   = iterum atque iterum QLR. 336, 14. (72, 9. 176, 3. 316, 1. 337, 3).

encui heute R^{3}3791. 4056. B^{2}9251. 9504. 9511. 9717. 33424.

endreit zur rechten Zeit B^{2}713. 8768.

en eis l'ore in demselben Augenblick B^{2}36188.

en es le pas sogleich B^{2}9227. 9239. 12434. 16415. 16889.

ignele pas = statim QLR. 30, 6 (35, 13. 82, 9).

entre inzwischen B^{2}30892.

entreshet zu gleicher Zeit B^{2}21348.

entre tant inzwischen R^{3}524. 567. 614. 701. 4336. B^{1}1525. B^{3}3441. 14280. 30231.

enuit bei Nacht R^{4}496. B^{2}25713. 25891.

   ennuit B^{2}16577. 25841.

   ennoit R^{4}8937.

estant: en e. sogleich B^{2}6788.

estreit sogleich B^{2}41693.

estrus: a e. sogleich B^{1}102. 223. 368. B^{2}118. 19441.

   a estros B^{4}2708. 2916. 3377. 6511. 6528.

faiz: maintes f. e. maintes immer wieder B^{2}39891.

fiee: a la f. zuweilen R^{4}2047. 2048.

   a la feie—a la feie bald—bald R^{4}8075.

fin: a la f. schliesslich R⁴10647.
   a la parfin schliesslich B¹1411. R³2782. 3806. 8726. 24419.
   en fin für immer = in finem MPs. 9, 6. 19. 34. 12, 1. 15, 11. CPs. 9, 6. 73, 1. 10. 78, 5. 88, 47.

gaires [zu Zeitbestimmungen hinzutretend] R³3936. B²4409. 7400. 7799. 11521. 21725.
   gairres B²13552.
   n'ad guaires vor Kurzem QLR. 104, 13.
   n'ad guaires que = tam heri quam nudiuster tius QLR. 130, 15.

hodie[1])
ici jetzt R³523. B²8277. 8304. 8593. 16829. 40041.
   des ici en avant nunmehr B²14683.

ier; hier QLR. 15, 7. 175, 4; er B¹1318. B²7794. 32955 gestern = heri QLR. 15, 7. 80, 17. 83, 13. 175, 4.
   [jurz] d'ier = hesterna [dies] MPs. 89, 4. CPs. 89, 4.
   l'autre ier vorgestern B²3731.
   avant hier vorgestern = nudiustertius QLR. 15, 7. 115,15.
   de avant—ier seit vorgestern = ab nudiustertius QLR. 83, 13.
   erseir gestern Abend R²2638.
   avant erseir vorgestern Abend B¹14179.

iloc da QLR. 427, 12.
   iloec B²17697.
d'iloc seitdem = ex die illa QLR. 117, 11.

ja ehedem
   = quondam QLR. 202, 4 (1, 1. 5, 11. 29, 7. 48, 7. 78, 18).

ja schon
   = ecce QLR. 10, 1.
   = iam MPs. 73, 10 (CPs. 142, 8). QLR. 131, 12. 225, 10. (26, 5. 29, 10. 32, 14).

ja fernerhin = usque in sempiternum QLR. 159, 7. vgl. ja si QLR. 371, 8.

---

1) hodie lat. heute = hodie MPs. 94, 7.

ne—ja beim Fut. = non QLR. 209, 5. 369, 9. 415, 12. 425, 3.
ja ne—jor B²13588. 15677. 16203. 16757. 17040.
jadis einst R¹91. 123. 157. 208. R³1362. B²25038.
ja mais fernerhin
  = amplius CPs. 61, 2.
  = ultra CPs. 76, 7. 82, 4.
  ne—ja mais nie R¹599. R³101. 334. 380. 709. B²793. 2486. 3929. 4434. 7077.
  ne ja mes nie B¹856.
  ne—ja mais jor B²11941. 13854. 16742. 16776. 16807.
  ja mais nie B²5938.
  ja mes nie B²4080.
  ja mais je B²21440. 25826.
  ja mais jor einmal B²14236.
jor: de j. en j. von Tag zu Tag B²32000. 32104.
  de jur en jur täglich = quotidie QLR. 128, 9.
la dann
  = tunc QLR. 204, 1.
  de la u = postquam QLR. 93, 6.
l'endemain morgen
  = altera die QLR. 17, 11. (37, 15. 80, 15. 341, 9).
  = cras QLR. 323, 10. 369, 15.
  = facta altera die QLR. 119, 6.
  = mane QLR. 341, 9.
longes lange B²12103.
  longues R⁴5310. 5328. 5330. 5504. 5566.
  lunges = iam plurimo tempore QLR. 167, 15. (2, 26. 144, 19).
  cume lunges wie lange = usquequo QLR. 315, 16.
a longes B²1428.
lores; lors R³396. 676. 948. R⁴2705. B²21558. 22356. 24419. 32139. 33145 da, dann
  = eodem tempore QLR. 397, 12.
  = et ecce QLR. 324, 17.
  = nunc CPs. 26, 7. (8, 11. 16, 26. 21, 8. 23, 12. 28, 5).
  = porro QLR. 307, 7. 377, 13.
  Anm. e lores = porro QLR. 91, 5.

= tunc MPs. 2, 5. 39, 10. 50, 20. 55, 9. 88, 19. CPs. 2, 5.
50, 20. 55, 9. 88, 20. 118, 6.

lués sogleich R^{1}3834.
luing lange R^{2}2732.
   loig R^{4}3742.
au loing auf die Dauer B^{2}37717.
de loing seit langer Zeit B^{2}20968.
en loinz auf lange Zeit hin B^{2}1413.
maintenant jetzt QLR. 16, 9.
   maintenant sogleich R^{2}2080. 3810. 3539. B^{2}29518. 30089.
     30119a. 30202. 35138.
   meintenant sogleich R^{4}3353.
demaintenant jetzt, sogleich R^{4}580. 8650. B^{2}6787. 7839.
   7848. 9761. 16788.
mais fernerhin; meis R^{4}122. 551. 3309. mes B^{2}624. 7863.
   9247. 9503. 11139.
   mai B^{2}3776. 5571. 23093. 25093.
   = addere ultra [c. inf.] QLR. 106, 15.
   = addere [ut] QLR. 143, 17.
   = amplius QLR. 370, 11. 390, 1. CPs. 87, 5.
   = deinceps QLR. 12. 3.
   = etiam QLR. 156, 1.
   = iam QLR. 49, 14.
   = omnibus diebus QLR. 10, 6.
   = porro QLR. 3, 2. 7, 10. 83, 14. 100, 14. 165, 5.
   = ultra QLR. 105, 12. 194, 9. 195, 8. 350, 17 (360, 11).
mais jor B^{2}14877. 18955. 27047.
ne—mais nicht mehr
   = non iam QLR. 203, 16. (8, 15. 10. 6. 18, 11. 117, 6).
   = Negation + ultra QLR. 285, 9. 350, 17. 363, 18.
maneis jetzt, sogleich R^{4}3398. 4499. 8375. B^{1}851. 1001.
   manais B^{2}3748.
demaneis R^{2}1419. 1995. 2895. 3829. R^{4}6302. B^{2}3790. 3951.
   11839. 12951. 14339.
nof: de n. von Neuem B^{2}31464.
de novel von Neuem B^{2}1485. 1613. 11030.

nuitantre **nachts**
= in tenebris QLR. 371. 16.
= nocte QLR. 103. 10. 434. 16.
oan in diesem Jahre. fernerhin R³3646. B²19382.
  ouan B²18756.
  awan R⁴838.
ore; or QLR. 30. 4. 46. 14. 51. 12. 55. 11. 131. 6. hore QLR. 358. 5. MPs. 2. 10 jetzt
= ecce QLR. 29. 15. 51. 12. 93. 14. 170. 14. 355. 7.
= en QLR. 46. 14.
= hodie QLR. 97, 15.
= modo CPs. 112. 2. 113. 26. 120. 8. 124. 2. QLR. 364. 14.
= nunc MPs. 11. 5. 16, 12. 19. 6. 26. 10. 38. 11. CPs. 2, 1. 11, 5. 16, 11. 19, 6. 38, 9. 70, 17. QLR. 9. 19. 21. 4. 27, 5. 39, 14. 40, 4.
vgl. ore = ecce nunc QLR. 222, 12.
ore—ore bald—bald = nunc — nunc QLR. 157, 12.
  or—or R⁴6428. B¹1077.
  a ore jetzt QLR. 296. 5. 326. 1.
d'ore en avant nunmehr R⁴9444. B²3439. 12589. 24452.
  d'or en avant B²148. 628. 641. 2507. 3587.
des ore = ecce von nun an QLR. 292, 12.
= ex hoc nunc MPs. 112, 2. 113, 26. 120, 8. 124, 2. 130, 5.
= ex praesenti tempore QLR. 304, 9.
des ore en avant nunmehr QLR. 6, 1.
  des or en avant B²470. 6568. 8780. 12323. 23277.
des or mais nunmehr B²918. 3298. 4672. 4726. 6413.
  or mais B²8280. 9188. 9196. 23140. 25904.
ores: d'o. en altres von Zeit zu Zeit R⁴5890.
or einz vor kurzem QLR. 94, 18.
pardurableté: en p. immerdar = in sempiternum CPs. 27, 10.
  en pardurabletet = in sempiternum CPs. 9, 5.
parestrusse: a la p. schliesslich = ergo QLR. 57, 9.
parmanableté: en p. immerdar
= in aeternum MPs. 36, 29. CPs. 11, 7. 28, 11. 32, 11. 74, 9.
= in perpetuum MPs. 40, 13.

en parmanabletet = in perpetuum CPs. 5, 13. 9, 18.
= in aeternum CPs. 17, 51. 20, 4. 29, 7.
14. 30, 1. MPs. 9, 40. 11, 8. 14, 7. 27, 12. 28, 9.
em parmanabletet = in aeternum MPs. 9, 7.
parmenableté: en p. = in perpetuum CPs. 9, 32. 21, 27. 144, 22.
en parmenabletet = in sempiternum CPs. 9, 7.
em parmenabletet = in aeternum MPs. 9, 5.
parmenance: en p. immerdar
= in aeternum CPs. 144, 1.
= in sempiternum CPs. 144, 2.
petit kurz R^{4}1958.
piece: grant p. lange R^{4}2516. 2747. 10066.
pieç'a B^{2}4524. 7508. 10148. 10151. 12177.
de pieç'a seit langem B^{2}28839.
plus länger B^{3}9123. 23279. 23338.
plus jor B^{2}40918.
de plus fernerhin = coepisse QLR. 71, 2.
pose lange R^{4}2216. 2500. 2857. 2904. 5779.
grant pose R^{3}3824. R^{4}762. 3017. 5893. 7027. B^{2}29773.
pos'a R^{4}9134.
pos'a que lange R^{4}3909.
grant pose aveit R^{4}10543.
primes zuerst, früher
= prius QLR. 6, 11 (2, 12. 5, 9. 16, 18. 41, 17. 113, 9).
a primes zuerst = primum QLR. 50, 5.
de primes zuerst QLR. 200, 19. 245, 11. 247, 13. 266, 7.
puis; pois QLR. 154, 4. 169, 2 dann
= deinceps QLR. 30, 8.
= postea QLR. 39, 13. 311, 13.
= post haec QLR. 312, 1.
= tunc QLR. 152, 5. (1, 5. 6. 4, 10. 5. 9).
= ultra QLR. 154, 4. 169, 2. 272, 16. 293, 24. 368, 19.
puis jor B^{2}20167.
quant; quand (B quant) CPs. 41, 2 wann
= quando MPs. 34, 20. 40, 5. 41, 2. 118, 84. CPs. 40, 5.
41, 2. 118, 82. 84.
a quant wann = quando CPs. 13, 10.

desque a quant wie lange
= quousque MPs. 79, 5.
= usque CPs. 81, 2.
= usquequo MPs. 4, 3. 12, 1. 3. 61, 3. 73, 11. CPs. 6, 3. 12, 1. 2. 61, 3. 73, 9.
dessi a quant = usquequo CPs. 4, 2.
re wieder (in Verbalzusammensetzungen) $B^2$2319. 4755. 4826. 5038. 5556.
remanance: a r. immer = iugiter QLR. 5, 4.
retur wieder $B^1$1986. $B^2$965.
retor $B^2$2775. 5154.
sempres immer QLR. 83, 9.
sempres für immer $R^2$240. 2411. $B^1$2047. $B^2$870.
sempres sogleich $R^3$777. 3703. $R^4$437. 1408. 2491. $B^1$1666. $B^2$718. 1301. 2570. 2571.
sovent; suvent MPs. 105, 39. QLR. 8, 10. 356, 10 oft
= frequenter QLR. 356, 10.
= soepe MPs. 105, 39. 128, 2.
suvent bald QLR. 8, 10.
sovent—sovent bald—bald $R^4$5883. $B^1$1043. $B^2$2656. 22635.
suvent--suvent $R^1$579. 925. 3973. 3974. 3975.
soventre nachher $R^3$68.
suentre $B^2$2490.
soentre $B^2$14860. 39308.
tart spät QLR. 5, 19. 20. 39, 19.
a tart spät QLR. $B^1$410. 885. $B^2$4111. 5218. 5587.
tens: lontens lange $B^2$35828. toz t. stets $B^2$22475. 38366.
tuz t. $R^1$156. 179. 180. $R^2$46.
tostens $B^2$7510. 38523.
tost bald
= cito MPs. 36, 2 (QLR. 4, 11. 14, 7. 36, 4. 47, 12. 53, 15).
= nunc QLR. 30, 8.
= statim MPs. 69, 4.
= tunc QLR. 20, 5.
al plus tost so schnell als möglich $R^2$1942. $B^2$15149. 19877. 28191. 42219.

de plus tost schnell = cito QLR. 101, 6.
cum plus t. porent so schnell als möglich B¹19948. 20189. 23213.
tost–tost bald—bald B²17822.
tant tost schnell R³775. 4160.
tres tost: al plus tres t. que jeo porrai B²11438 vgl. B²16405.

tunc dann = tunc MPs. 125, 2.

tute veie; tote veie CPs. 31, 4 immer
= semper MPs. 68, 28. 70, 9. CPs. 31, 4. 139, 9.
= usquequaque MPs. 118, 8. 107.
tutes veies R³3361. R¹2049.
totes veies B²11089. 14644. 22182.
tuteveies B¹1410. 1741. 1977. B²3993.
toteveies B²15874. 16084. 19606. 25729. 32104.

ui; hui MPs. 2, 7. CPs. 2, 7. oi B¹146. B²3744. 3776. 4412. 4464. iui QLR. 30, 5. 51, 4. B³5735 heute
= hodie MPs. 2, 7. CPs. 2, 7. 94, 7. QLR. 51, 17. 57, 1. 62, 11. 80, 17. 83, 15.

a cest jur de ui = in hac die QLR. 38, 1.
= hodie QLR. 223, 8. 224, 3. 315, 4. 324, 19. 348, 4.
ui cest jur = hodie QLR. 230, 8.

ui mai heute = hodie QLR. 31, 4.
hui mais R⁴7535.
ui mes B²22325.
en hui mais R⁴7536.

ultre ferner = ultra CPs. 73, 9. 103, 5. 118, 44.
en ultre fernerhin = ultra MPs. 9, 42. 82, 4. CPs. 77, 17. 32. 102, 16. 103, 35. 144, 1 (ultra),

un e un nacheinander R⁴6163.

unc je B¹79. 719. 725. B²839. 853.
onc B²21043. enc B¹1180.
unc jor B²18028.
unc ja mais B²5052.
unc del tens B²20018.
unc—ne nie B²497. 622. 1476. 3034. B¹402. 658. 803. 804. 810.

onc ne R⁴4142. 4628. 8308. B³346. 2559. 5903. 11697. 21097.
umc ne überhaupt nicht B¹1106.
unc ne jor B²12788. 14503. 15014. 15784. 27853.
uncore; uncor B²2208. 3060. 3322. 5005. 5486. unquor B²7665. 14309. 14526. 16226. 25906. unquore B²3424. umquor B²13882. 16200. oncor B²13477. 14583. 17912. 33914 noch
= adhuc MPs. 36, 10. 41, 7. 17. 42, 6. 77, 34. CPs. 36, 10. 41, 5. 11. 42, 6. 77, 30. QLR. 327, 18. (322, 5).
= adhuc et CPs. 140, 5.
uncore in der Bedeutung von unques je B²22958.
unches; onques R⁴3902. 5372. 5833. 6061. 6841. B²13099. unques MPs. und CPs. 55, 3. 9. 101, 2. unkes QLR. 97, 7.
umques B²25791. umqu'— vor voc. B²30553 jemals
= aliquando QLR. 97, 7 (290, 22).
= unquam MPs. 12, 4. CPs. 12, 3. 24, 2.
que unques = quaecumque MPs. 1, 4. vgl. 113, 11. 139, 6. CPs. 55, 3. 9. 101, 2.
ne unches niemals = nunquam QLR. 97, 7. 123, 3. (143, 3. 299, 24. 429, 7).
unques ne jor B²14883. 15267. 17754. 18286. 18886.
ne—unches = non CPs. 57, 8. QLR. 272, 16. 322, 5. 382, 4.

c) Adv. der Qualität und Quantität.

acertes: ne a. ne a geus weder im Ernst noch im Scherz B²20618. 25971.
ne a. ne a geu B²21048.
acordement: d'a. gemeinsam R⁴7206.
acort: a un a. gemeinsam B²8146. 38195.
aire: de bon aire gut B²10652. 10932. 31843.
de mal aire schlecht, böse B¹1429. 7203. 14815.
aise a aise; a ahaise QLR. 66, 10 leicht: QLR. 66, 10. 330, 2. 356, 16. 364, 6. 410, 9.
a mal aise übel B²7182.
a mesaise in misslicher Lage QLR. 2, 26.

a mal eise B²959.
aleiire: grant a. in raschem Schritt R⁴6610.
alques; alches MPs. CPs. QLR. häufig
    auques B¹902. 1873. B²1057. 1506. 2308.
    aukes R⁴645. B²463. aques B²7827 etwas
  = panxillum QLR.296, 5. (29,18. 59,13. 115,10. 140,2. 175,17).
alsi ebenso R³675. 1312.
    ausi B¹33. 389. 917. B²1425. 1621.
altresi ebenso QLR. 46, 4.
    autresi R⁴57. 283. 869. 2900. 3093. B¹1099. B²4661.
    5158. 5222. 7372.
altretant ebenso R⁴6050. 6685. 8009.
    autretant R⁴870. B²3863. 29100. 32067.
apert: en. a. offen B²77, 3772. 7292. 7495. 8170.
a pleiies so wie Regen B²21376.
asez; assez R⁴3482, 4061. 4072. 4269. 4335. B¹342. 1360. 1980. B²238. 2232 genug, ziemlich, sehr
  = satis CPs. 30, 24. 91, 5. (QLR. 4, 15. 8, 11. 25, 8. 218, 2. 272, 4).
  d'asez plus = multo plures QLR. 304, 3.
  d'assez sehr B²2587.
autant ebenso R⁴4430.
baillie: de cele b. so = ita QLR. 399, 10.
  de ceste b. so QLR. 336, 5.
  de altre b. anders = aliter QLR. 337, 8.
  de grant b. sehr B²14299.
  de une b. = huiuscemodi QLR. 337, 8.
  en ceste b. = ergo QLR. 330, 1.
        = huiuscemodi QLR. 168, 1.
        = itaque QLR. 409, 15.
bandon: a b. nach Belieben R³583. B¹831. B²1353. 1577. 2599. 5363. 8194.
  a abandon B²17640.
bas: en b. leise R²14055.
bel schön QLR. 378, 13.
  al plus bel am schönsten B²569. 14305.

beau B²12159. 15863. 17092. 17116. 17293.
bien; ben B²6529. 7546. 9898. 17193. 28209 wohl
= bene MPs. 91, 14. 117, 24. 127, 2. CPs. 15, 1. 50, 19.
121, 6. QLR. 60, 6. 229, 11. 260, 7. 437, 7.
Anm. bien fist = benefecit MPs. 56, 3. Ebenso 118, 108 124, 4.
146, 11. 149, 4. CPs. 35, 3. 48, 18. 118, 65. 124, 4.
= recte QLR. 64, 2. 358, 9. 10. 364, 11. 376, 10.
tres bien = summa diligentia QLR. 294, 7.
bien etwa (bei Zahlenangaben)
= quasi QLR. 31, 14. 98, 14.
bien sicherlich = equidem QLR. 230, 13.
buer zur guten Stunde, zum Heil R³1341.
celee: a c. heimlich B²5781. 7190. 31305. 38882.
en c. = clam QLR. 385, 10.
chalt pas schnell
= festinato QLR. 392, 9.
= statim QLR. 111, 1. (11, 10. 16, 13. 18, 19. 25, 6).
chier teuer R³2232. 2263. 2815. 8928. 9828.
cher B²5853. 7246. 11570. 11588. 11606.
cler klar B²748. 11816. 12666 13977. 15174.
commun: en c. gemeinsam B²22330. 29403.
compas: a c. in Ordnung B²26506.
cors a cors im Zweikampf R⁴7146. 7156.
cume; cum MPs. CPs. QLR. ebenso oft wie cume; come
R⁴4117. 4704. comme R⁴3856. 6123. 6984. 7088.
7818. comR⁴4140. 4215. 5594. 6051. 6254 gleich wie
= aeque QLR. 324, 12.
= quasi CPs. 17, 34. 101, 11. QLR. 56, 9. 62, 2.
69, 6. 100, 15. 101, 14.
= sicut QLR. 42, 12. 105, 9. 10. 333, 1.
= tanquam MPs. 17, 36.
= ut MPs. 17, 37. 46. 20, 9. 47, 6. 58, 7. CPs. 10, 1.
17, 43. 71, 6. 103, 2. 121, 3. QLR. 363, 16.
vgl. QLR. 46, 4. par poi cume par multz =: vel in multis
vel in paucis.
tant—cume
= quasi QLR. 275, 2.
= tamquam CPs. 48, 2.

tel—cume so wie
: = tanta- quanta QLR. 275, 1. vgl. 204, 5. 255, 11. 293, 5. 410, 8.
: altretele cume = similis c. gen. QLR. 410, 8.

tut alsi—cume ebenso — wie = utrum — an QLR. 300, 27.
: altresi tut cume ebenso wie R²242.

cume nämlich (erläuternd) = quippe QLR. 181, 3.

si cume; si cum ebenso oft MPs. CPs., weniger QLR.; si cumme CPs. 77, 69. 139, 3. 142, 7. 143, 12. 147, 5. 6. gleichwie
: = quasi MPs. 36, 6. CPs. 16, 12. 21, 13. 30, 13. 37, 13. 14. QLR. 56, 10. 69, 9. 150, 18.
: = quemadmodum MPs. 36, 21.
: = quomodo QLR. 190, 11.
: = sicut MPs. 10, 1. 13, 8. 16, 13. 37, 4. 14. CPs. 21, 14. 15. 31, 10. 82, 14. 147, 5. QLR. 79, 11. 170, 2. 363, 8.
: = similis [c. gen.] QLR. 288, 14.
: = tanquam MPs. 21, 16. 43, 13. 57, 7. CPs. 2, 9.
: = ut MPs. 5, 15. 7, 2. 17, 46. 18, 6. 52, 5. CPs. 7, 2. 13, 8. 17, 43. 18, 5. 20, 9. QLR. 6, 5. 145, 10. 209, 14.
: = velut MPs. 72, 20. 78, 5. 79, 1. CPs. 21, 16. 72, 21. 77, 52. 118, 70.
: = veluti QLR. 181, 15.

cust: a cust auf seine Kosten B²17094.

descuvert: a d. heimlich R³1332. R⁴1503.
: a descovert R⁴2828. B²4320.

desmesure: a. d. im Übermass B¹²2076. B²562. 9108. 41057.

desrei: a. d. schnell R⁴8052. 8498. B²761. 2529. 2729.
: a grant d. R⁴10136.

desseil: a. d. heimlich B²22015. 28181. 32907.
: a. d. de heimlich vor B²37059.

destreit: a. d. scharf B²1308.

devis: a lur d. nach ihrem Willen B²29323.
: a devise genau B²6311. 6857. 7010. 18346. 25652.

dreit richtig B²132. 3587. 9587. 40740.
: a dreit = recte QLR. 372, 4. (17, 16).

a dreiture in der That, mit Recht B²1395. 5246. 7703. 9886. 10506.
dur streng QLR. 281, 11.
enble: en e. heimlich B²38207.
ensurquetut; ensorquetut R⁴7889. 10465. 18138 obendrein = insuper et MPs. 8, 7. CPs. 67, 19. 70, 18. 24. 92, 1.
   ens. e = insuper et MPs. 15, 7. 9. CPs. 15, 7. 8, 8.
   sur tut ço ausserdem = insuper QLR. 397, 23.
entresait gewiss B²38707.
enviz: a e. wider Willen R¹1065. 1931. 2406. 3516. B²2148. B²475. 1298. 3808. 24578. 28154.
   enviz R⁴3638. 4218. B²32410.
escharriz: a e. mit einigen Auserwählten B²33456.
   a eschari B³ 32776.
escout: en e de auf der Lauer nach R⁴3733.
eslés: a e. schnell B²1091. 28754.
   de plain e. B²40883.
esperon: a e. eiligst B²9737. 16817. 21272. 34438. 39673.
   par e. B²19637. 19937. 28457.
   a coite d'e. schnell B²5551. 18178.
espés dicht B²21234.
espleit: a e. schnell QLR. 365, 15. 366, 14.
estre ausserdem B¹1904.
estrif: a e. schnell R⁴2071.
fais: a f. heftig R²1592. B²878. 18135. 20506. 37314. 38303.
   a un fais B²31001. 37547.
   tot a fais B²9581.
   a fes B²36003.
   tot a fes B²20964.
   a si grant fes B²28412.
   al plus grant fes B²22570.
fi: de fi sicher B²9616. 10144. 34540. 40240. 42135.
fin: a f. ganz R¹1595.
   a nule fin durchaus nicht B²15924.
fort heftig, stark R³133. B²38260. 38399.
fuer: a dreit f. in der rechten Weise R⁴2154.
   al fuer de nach der Weise von R⁴2178.

a nul fuer in keiner Weise B³4779. 17537. 40814.
a nisun fuer in irgend einer Weise B²15467.
a nul foer R⁴10523.
a nul fuor B²10633.
a nul for B²11775. 12410. 16771. 26630.
a nul feor B²28169. 31431.
gent hübsch B²3610. 3615. 5257. 7682. 13314.
   al plus g. B²6215.
   jent B²12496. 12863. 15862. 18654.
gred: a gr. gern QLR. 297, 15.
   a gre R³4312. R⁴2222. B²22704. 28907.
   a tun gre nach deinem Willen R³4321. R⁴1817.
   a ton gre B²23063.
   a son gre B²17339. 31476. 37813. 38543.
   a sun gre B²8003.
   an mien gere B²3874.
   de gre R⁴1154. 7526. 8924. 11008. B²822.
   de mon gre R²4280. 6846.
   de ton gre B³10358. B²13670.
   de sun gre R¹1013. 1449. 9680. B²20246.
   de vostre gre R³2515.
   de lor gre R⁴6169. B²39946.
   de bon gre B²11463.
   desus son gre gegen seinen Willen B²17572.
   en gre B²8570. 11358. 26716.
   estre lor gre gegen ihren Willen B²21980.
   sus son gre gegen seinen Willen B²30699.
   ultre son gre gegen seinen Willen R³46. 681.
   mal gre ungern R³2265.
   son gre gern R⁴10358. B²13670.
guise: a g. de so wie R³2028. R⁴1679.
   a la g. de R⁴54.
   a la guise nach der Art R⁴2034.
   a sa guise B²41410.
   a lur g. B³4231.
   d'altre g. R⁴7614.

d'autre g. R⁴624.
d'estrange gise B²39887.
de mainte guise R⁴2587. 8392.
de plusors guises R⁴3944.
de teu guise B²39166.
en ceste guise B²4231.
en guise de so wie R⁴1659. 3052.
en nule g. B²4223. 39365.
honte: a h. schändlich R⁴7500. 7828.
igal: par i. in gleichen Teilen B²7019.
par egal in gleicher Weise R²281.
en igal gleich B²37363.
issi; eissi MPs. 1, 5. 47, 5 u. s. w.
    eisi B¹537. 606. 619. 669. 673.
    aisi B²14373.
    isi B¹2071. B²6133. 6488. 6638. 8263.
    essi B²16783. 28237. 29631.
    = hoc modo QLR. 21, 13.
    = in hunc modum QLR. 276, 11.
    = ita MPs. 41, 1. 64, 10. 103, 36. 130, 4. CPs. 47, 8. (QLR. 24, 19. 28, 7. 35, 2. 36, 16. 44, 19).
    = itaque QLR. 27, 8.
    = sic MPs. 1, 5. 47, 5. 7. 57, 9. 62, 5. CPs. 1, 5. 34, 15. 47, 5. 11. 60, 8. QLR. 117, 6. 179, 5.
    tut issi = igitur QLR. 132, 16.
        = ita QLR. 180, 7. 393, 3.
        = quoque et QLR, 136, 6.
        = sic QLR. 37, 6. 106, 1. 224, 15. 232, 10. 408, 14.
cinsi R⁴811. 889. 1357. 3045. B¹110. 169. 234. 342. B²55.
    ainsi B²25884.
    ensi B²137. 10554. 14225. 19395. 20384.
laid beleidigend B²32733.
lent langsam B²22180.
mais mehr = magis CPs. 83, 10.
    mes B²2972. 28679.
mal böse QLR. 87, 10.

mau B²25837. 33011. 33388. 33834. 38939.

maniere: de grant m. sehr
= nimis QLR. 73, 4. 147, 12. (118, 12. 190, 3. 9. 334, 11. 387, 8).
= [abl. modi] QLR. 275, 15. 416, 12.
a grant m. B¹1922. B²7704. 7812. 8077. 8105.
en ceste m. so
= huiuscemodi QLR. 122, 8. 169, 9. (179, 17. 359, 15. 384, 7).
= in hunc modum QLR. 236, 10.
= ita QLR. 178, 14.
= itaque QLR. 384, 7.
par tel manere so B²30193.

mar zum Unheil B²23241. 25102. 26925. 28554.

meins: al m. wenigstens B²230. 8896. 25104. 26290.
au meins B²35939. 37004. 39384. 41699.
de meins um so weniger QLR. 36, 16.
mains weniger B²8346. 14095. 18810.
mens B²39882.

merveilles: a m. wunderbar R²21. 2156. R⁴8775. B¹1225. B²7177. 21447.
a merveiles R⁴360 (BC merveille)
a grant merveilles B²25363.
merveilles R⁴10355. 10356. B²977. 1641. 2651. 5816. 6604.
a merveille R²2724. 10239. 10666.
a grant merveille R²8304. 8957. 9346. B⁴1321. 10791.

mesle—pesle durcheinander B²4433. 28295.

mielz QLR. 104, 12. 112, 13; miels R⁴698. mieulz B²5452.
mieuz B²5574. 5817. 6312. 6394. 12586. melz R⁴4150. B²569. 2794. 5786. 11543. meuz B¹2161. B²3756. 4519. 6179. 9855. 14910. mieus B²31084. miez B²14305 besser
m. valt = melior est QLR. 56, 7. 8. 57, 2. 231, 12. 362, 21.
mielz e mielz l'oirent = clarius ... QLR. 47, 17.
mielz lieber (bei voloir) QLR. 217, 4.
m. valui = praevalui MPs. 12, 4. vgl. 51, 7. 64, 3. CPs. 64, 3.

al mielz que il pout so gut als möglich QLR. 74, 19.
vgl. QLR. 179, 15.
cum il mieuz pont so gut er konnte B²41131.
de mielz um so besser QLR. 49, 6. B²9718 vgl. Tobler,
Verm. Beitr. II, S. 55.
mier rein B²41295.
mort: de m. tötlich R³1442. B²31861.
mot a mot wörtlich B²3374. 6030. 11411. 25217. 25692.
mult sehr, viel; mut B²649. 1378. 1860. 4306. 6397.
molt B²10037. 11716. 20965. 22085.
mot B²5939. 6502. 8434.
= [comparativus] QLR. 92, 1.
= multum MPs. 18, 11. 102, 8. 119, 5. 122, 5. 144, 8.
CPs. 18, 10. 50, 2. 77, 38. 119, 5. 122, 3. 4.
= nimis MPs. 37, 8. 45, 1. 47, 1. 77, 33. 91. 5. CPs. 37,
6. 47, 1. 92, 5. 95, 4. 103, 1. QLR. 60, 15. 62, 15.
228. 16 (26, 15. 30, 1).
= [prae—] MPs. 15, 6. 22, 7. CPs. 12, 4.
= satis QLR. 98, 9.
= [superlativus] MPs. 44, 4. CPs. 132, 2. QLR. 207, 9.
= valde MPs. 6, 3. 10. 30, 14. 77, 65. CPs. 6, 3.
m. bien QLR. 66, 4.
m. mielz = quanto magis QLR. 135, 10.
mun bedeutungslos B²3283. 17676. 29157. 36494.
nage: a n. zu Schiff B²2032. 2635. 3032. 3212. 3613.
neël: a n. gebrannt B²7737.
niënt: pur n. umsonst R³4343.
nualz schlimmer; noalz R⁴3039. 4104. 7152. 11376.
noals R³221.
noauz R⁴1794. B²19890.
novauz B²20864.
nualz que = super c. acc. QLR. 420, 8. 11.
asez n. que nuls = super omnes QLR. 308, 11. 309, 10.
oncor noch (steigernd) B²17912.
orne: a o. der Reise nach B²920. 4796a. 4900.
par sehr (mult verstärkend) QLR. 350, 12.

parduns: em p. ohne Anlass = gratis MPs. 34, 8.
 en p. = gratis MPs. 34, 22, 68, 5. 108, 2. 118, 161. 119, 6. CPs. 68. 5.
part: de bone p. bien wohl R³1952.
pas: petit p. langsam QLR. 66, 14.
 le petit pas B²5255.
 le p. ne l'ambleüre im Passschritt B²14121.
 le p. dass. B²28500.
peine: a p. kaum QLR. 93, 9.
peis: sor mun p. leider B²10573.
 sor son p. B²36553. 40102.
 sor lor p. B²39978.
 sus mun p. B²10562
per: per a per gleich R³3379.
petit wenig R⁴3583. 7801. 7887. 7926. 22744.
 un p. etwas = modicum CPs. 36, 10.
  = parum CPs. 36, 16.
 un p. meins beinahe = paulominus MPs. 93, 17. 118, 87. CPs. 93, 17. 118, 87.
 p. meins etwas weniger = paulominus MPs. 8, 6. CPs. 8, 6.
 estre a p. wenig daran gelegen sein B²40791.
 desqu'a p. genau, vollständig B²40791.
pis schlimmer QLR. 206, 28.
 pies R⁴4105. 6248. 6939. 7290. 10001.
plain: a pl. vollständig B²20237. 22710. 28119. 37360.
 a plein R⁴1698.
plenté: a pl. viel R²290.
plus mehr
 = amplius QLR. 82, 10. 382, 15.
 = [compt.] MPs. 18, 11. 34, 12. 36, 26. CPs. 17, 17. 18, 10. 44, 1. 54, 23. 102, 11. QLR. 3, 6. 18, 6. 29, 2. 35, 14. 73, 3.
 = magis MPs. 51, 3. 83, 11. CPs. 51, 3. QLR. 9, 14.
 = potius QLR. 142, 4.
de plus mehr = [compt.] QLR. 60, 5. 236, 6. (324, 16. 324 r 6).
 de tant plus um so mehr = magis QLR. 73, 1.

plus + best. Art. = [superlativus] QLR. 45,7.84,5. (31,14).
li plus tres = [superl.] QLR. 282, 14.
plus que mehr als = super c. acc. QLR. 294, 28.
ne plus que nicht mehr als = sicut QLR. 239, 10.
al plus qu'il poent möglichst R^{4}8807.
cum il plus purrunt so — als möglich B^{1}1604.

poeir: a son p. so gut er konnte B^{2}17215. 27082.
   au suen p. B^{3}36600.
   de sun p. B^{2}8067. 29918.

poi wenig = parum QLR. 382, 15.
   un poi etwas = paululum QLR. 177, 12.
   a poi fest B^{2}26528.
   a bien poi beinahe R^{1}497.
   a bien poi ne B^{2}15009.
   d'un poi B^{2}30245.
   jusqu'a poi beinahe B^{2}818.
   par poi beinahe B^{2}13149. 15042. 20642. 28616. 38691.
   par un poi B^{2}20855.
   par poi ne B^{1}2106. B^{2}5299. 5710. 6036. 6120.
   par un poi ne B^{2}17276. 29138. 36043.
   par un sol poi ne B^{2}37390.
   pur poi beinahe R^{3}2650. 3659. 4114.
   pur poi ne B^{2}2818. R^{3}3659.
   poi e poi allmählich R^{4}8217.

point etwas B^{2}16115. 17748. 40008.

prof beinahe R^{4}7528. 9271.
   a bien pruef = pene MPs. 72, 2.
   a bien prof = pene CPs. 72, 2.

prou reichlich, viel B^{2}265.
   pru B^{2}3593. 6539. 7044. 9934.
   pro B^{2}25317. 25349. 34820. 36934. 39173.
   pro del fait genug B^{2}9088.

purpens: a p. absichtlich R^{3}1199.

rebors: a r. verkehrt B^{2}39177.

recelee: a r. geheim B^{2}20787.

remanant: a r. mehr als nötig R³4102. 5455.
   de remanant R⁴4730.
remuiers: a r. wechselweise = vicissim QLR. 244, 9.
repost: a r. geheim B²5855. 7190.
res: tut r. a r. ganz dicht QLR. 250, 7.
rien etwas B²11960. 12554. 20130. 35470. 38839.
   de rien etwas B²17043. 17747. 18103. 25087. 25895.
   por rien durchaus B²16711. 29119. 36999. 38214.
   por rien qu'il deist B²29441. vgl. 37816. 38599.
   por nule rien B²31561.
   sor tote r. über Alles B²6124. 7793. 7967. 10631. 10686.
   sor tute r, B²9175. 10118. 14301. 22527.
   sur tute r. B²9772.
   sur tote r. B²23084.
   sor trestote r. B²9593. 16100. 22664. 24777. 27423.
sauvement: a. s. wohlbehalten B²27639. 30228.
sejor: a s. in Ruhe R⁴9081.
si; se QLR. 57, 13 so
   = ita QLR. 202, 1. 326, 15. (14, 11. 16, 13. 41, 16.)
   = sic QLR. 57, 14.
   = siccine in direkter Frage QLR. 57, 13.
   si im Nachsatz zu dem mit si cume eingeleiteten Vordersätze CPs. 102, 13.
soffisant: a s. genügend B²7056.
   a sofisant B²24511.
som: par en som im ganzen B⁴41716.
suef lieblich B²3021. 7725. 13552.
   soef B²22511. 38764. 41020.
sul allein B²6830a. 7565. 7691. 8444. 9406.
   sol B²7561. 8359. 8537. 9104. 9397.
   sul e sul allein = tantum QLR. 279, 10.
   sul a sul im Einzelkampf QLR. 62, 7.
talent: a t. nach Gefallen B²31090.
tant; tan B²42293 so (oft ganz bedeutungslos)
   = ita QLR. 162, 10. (84, 7. 92, 15. 111, 9. 165. 15).
   tant [bei adj.] QLR. 9, 1. 19, 11. 20, 16. 41, 5. 241, 5.
   taut so lange = tamdin QLR. 369, 3.

tant noch (beim compt.) R²138.
tant—cume so — wie CPs. 48, 2 = tam—quam.
de tant [beim compt.] um so QLR. 142, 8.
itant ebenso sehr QLR. 251, 12.
   a itant B²9426.
   d'itant B²44636.
   itam B²39712.
tapin: a t. unerkannt B²31602.
tire: tut a t. vollständig B²986.
   tot a tire B²14618.
   vgl. trestut a t. B¹1351.
   trestot a t. B¹ 21679. 22790.
   tuit a t. B²3889. 12231. 17609.
   tot le jor a. t. B²4451. 37573.
   toz a t. B²24459.
   tant a t. B²1670.
   a tire B²10687. 13381. 14063. 17637. 24341.
tort: a t. mit Unrecht
   = iniuste MPs. 68, 8. CPs. 68, 6. (QLR. 123, 14. 159, 6.
      331, 8. 378, 2. 432, 8.)
tres sehr = [superl.] CPs. 7, 17. 11, 8. 15, 16. 17, 17. 18, 13.
   QLR. 211, 13. 294, 7. 395, 15. (247, 15. 248, 13).
   tres bien sehr wohl QLR. 247, 2. 409, 9.
trop zu sehr = nimis CPs. 30, 12. 37, 8. 77, 30. 78, 8. 138, 15.
   QLR. 18, 12. 194, 20. 290, 17.
tut ganz QLR. 38, 8. 73, 13. 74, 4. 78, 4. 83, 14.
   tot B²15655. 15667. 16817. 16866. 17159.
   tot le plus am meisten R⁴10346.
   plus tot vielmehr B²1395.
   de tut en tut vollständig = penitus CPs. 12, 1.
   del tut en tut = penitus QLR. 313, 12.
   del tut ganz QLR. 129, 18. 285, 5. 296, 5.
   de tot R⁴6206. 6589. 7235. 7539. 8946. B²22647. 25693.
      26436. 31268 41249.
   bien de tot R⁴5017.
   trestut B²2247. 4350. 4941. 5365.

trestot B²3721. 4081. 4345. 4418. 6758.

tut a fin ganz und gar R³527.

vein: en v.; en vain MPs. 23, 4. CPs. 138, 22. QLR. 123. 4: umsonst
- = frustra QLR. 99, 6 (13, 7). CPs. 11, 2. 23, 4. 24, 2. 30, 6. 34, 8.
- = inanis QLR. 123, 4.
- = in vanum MPs. 62, 9. 126, 1.
- — in vano MPs. 23, 4.
- = supervacue MPs. 24, 3. 30, 7. 34, 8.
- = vane MPs. 38, 15. 88, 46.

veire wirklich QLR. 254, 18.
- veir QLR. 262, 11.
- de veir R¹561. 653. R³360. 3756. R⁴5693. B¹264. 1299. 1978. B²231. 457.
- en veir B²7338.
- pur veir R³1834. 2701. 2757. B²1156. 6695. 13454.
- por veir R⁴6858. 7187. 8873. B⁵5476. 15906. 21971. 30865. 31639.

veïe: a v. offenbar B²27998. 36118. 40206.
- a veü B²30393.

voil: a sun voil nach seinem Willen B²8003.
- a son v. B³38830.
- al mien v. B³3874. 16213.
- au mien v. B³16578.
- de son v. R⁴11068.
- sor lor v. gegen ihren Willen B²21980.
- mon v. B²16871.
- sun v. R³1814. 2265.
- son v. B²16871.

voleir: a sun v. nach seinem Willen B²4930 vgl. 7559. 9698. 10006. 17339.
- a suen v. B²36688. 37099. 39936.
- a un v. einmütig B²38195.
- de son v. B²24102 nach s. W.
- de v. gern B²4149.

volenté: a v. recht R⁴9035.
a tote sa volunté nach s. Willen B²38544.
de bone volentet gern R³2498.
de bone volunté B²20726.
volentiers freiwillig, gern
= libenter QLR. 174, 14. (36, 7. 72, 3. 125, 20).
volenters B²673. 1298.
voluntiers B²22608. 23459. 28383. 29217. 30120.

Adverbien der Bejahung, Verneinung und Frage.

ainsunques kaum je, gar nicht B¹1579. B²12680.
aventure: par a. vielleicht
= casu QLR. 21, 12. 121, 3. 339, 3.
= certe QLR. 317, 3.
= forse QLR. 20, 15.
= forsitan QLR. 317, 2. 327, 14.
= forte MPs. 78, 10. 90, 12. 118, 92. 123, 2. 139, 9. CPs. 7, 2. 37, 16. 49, 22. 58, 11. 90, 12. QLR. 29, 10. 14. 80, 13. 179, 9. 350, 3.
certes sicherlich R¹615. B²1842. 3421. 7239. 11929. 14161.
a certes B²3368.
cheles dir. Frage einleitend B²28557, 39493.
ne—cheles dass. B²16589.
cumbien wieviel = quantum MPs. 102, 12. QLR. 371, 5.
cume bei adj. wie = quam MPs. 8, 19. 30, 23. 62, 2. CPs. 8, 1. 10. 30, 20. 35, 7. 83, 1.
cume granz = quantus MPs. 73, 4. 77, 3. CPs. 34, 18.
dunc dir. Frage einleitend ohne Rücksicht auf deren bejahenden oder verneinenden Inhalt
= an QLR. 85, 5.
= numquid MPs. 49, 14. 76, 7. 87, 12. 88, 46. CPs. 49, 13.
dun = nonne QLR. 408, 16.
= numquid non QLR. 104, 11.
dunc ne (B dunne) = nonne CPs. 84, 6.

dum ne = nonne CPs. 59, 11. 107, 11. 138, 22. MPs. 13,
8. 43, 23. 52, 5. 59, 11. 61, 1.
= numquid MPs. 7, 12. 29, 12. 77, 22. 24. 85, 5.
dun ne = an [nach num] QLR. 127, 10.
= an + Negation QLR. 156, 18.
= non QLR. 335, 7.
= nonne MPs. 38, 11. 138, 20. CPs. 138, 22.
QLR. 21, 2. 84, 16. 104, 8. 112, 15. 157, 1.
= num + Negation QLR. 112, 7. 133, 13. 298, 8.
= numquid CPs. 29, 11. 77, 19. 87, 10. 11. 12.
QLR. 59, 10. 345, 4. 370, 4.
= numquid non MPs. 40, 9. CPs. 43, 21. 52, 4.
QLR. 3, 5. 9, 7. 31, 10. 84, 15.
du ne = an + Neg. QLR. 193, 11.
donc ne R^{4}387.
dunt ne B^{2}11349.
donc nach pron. interrog. B^{2}7225.
dunc beim impt. R^{1}512. B^{2}6121.
donc beim impt. B^{2}26064.
encor sogar R^{1}727.
ice meisme: en i. m. gerade, besonders
= in idipsum MPs. 4, 9. 33, 3. 40, 7. 61, 9.
en ice medesme = in idipsum MPs. 73, 7. 121, 3.
en icest meisme = in ipsum MPs. 34, 9.
kar beim impt. R^{1}623. B^2.3091. 5720. 6016. 24842.
mar; mare (mar BC) R^{4}10282 beim fut. im Sinne des verneinten impt.: nicht
= ne QLR. 31, 8. 82, 3. 88, 17. 103, 16. 150, 6.
= neque QLR. 164, 19.
= [nolite] QLR. 41, 1. 110, 1. 166, 2. 311, 11. 367, 14.
naie nein B^{2}28563.
ne Verneinungspartikel
= ne [beim impt.] MPs. 6, 1. 24, 7. 26, 14. 15. 18. CPs.
21, 20. 24, 1. 6. 35, 11. 38, 10. QLR. 4, 5. 17. 2. 91, 9.
193, 1. 335, 11.
= ne—quidem QLR. 305, 5. 318, 14.

= nequaquam CPs. 9, 39. QLR. 43, 16. 105, 12. 169, 4. 187, 3.
= non MPs. 9, 19. 20. 25. 28. 36. CPs. 1, 1. 4. 6 9, 10. 19. 24. QLR. 5, 3. 10, 3. 6. 11, 2. 12, 13.
ne im Vergleich der Ungleichheit nach que [= quam] QLR. 142, 7. 164, 6. 406, 6. 420, 11.
ne Fragepartikel (Frage mit verneintem Sinne einleitend)
= numquid QLR. 195, 6.
= numquid non QLR. 65, 4. 350, 9.

nedés; naés CPs. 138, 12. neïs CPs. 138, 11. QLR. 42, 17. 93, 9. 99, 10. 312, 1. 430, 4. nes R^{4}11009. nis R^{4}9970. B^{2}12490. 16367. 17525. 26630. 27248 auch, sogar
= et MPs. 70, 25. 140, 7.
= et ipse MPs. 61, 2.
= etiam CPs. 138, 11. QLR. 93, 9. 312, 1. 430, 4. (42, 17. 99, 10).
= quoque QLR. 318, 11. CPs. 138, 12.
= usque ad QLR. 69, 12.

e neis = etiam QLR. 157, 4.
= et CPs. 107, 1.

ne—neis nicht—einmal
= ne—quidem QLR. 182, 16. 202, 2. 226, 18. (111, 15. 261, 8.)
= non QLR. 101, 7. 169, 5. 182, 13. 271, 13.
= non saltem QLR. 166, 8.

ne encore noch nicht = necdum QLR. 11, 12.

ne—gaires nicht eben R^{3}151. 558. 603. 802. 804. B^{1}2000. B^{2}461. 809. 2902. 3059.
ne guaires R^{4}302. 1348. 3300. 3454. 3457. B^{2}1026. 3554. 4250. 4804. 28391.
ne—a guaires = non magnopere QLR. 185, 16.
ne—gueires R^{4}940. 1920. 3170.
ne - geres B^{2}35707.
ne—gueres R^{4}815 (gaires BC) 1295.

ne--gaeres R¹4098.
ne—gnaures B¹1862.
ne--gaire R 114. B²9007. 19288.

ne--ja Verneinungspartikel von Urteilen, deren Inhalt erst in der Zukunft verwirklicht wird:
= non CPs. 36, 31. 139, 12. QLR. 12, 15. 159, 7. 209, 5.
= ne [beim impt.] QLR. 166, 16.

ne—mais nur R¹59. R⁴125.
ne—ne mais nur R⁴1036. 5829. 5956. 6263.

ne—mie nicht
= non MPs. 9, 12. 118, 109. 141. QLR. 213, 10. 342, 2. (10, 9. 185, 14. 213, 10. 406, 7).
= num QLR. 72, 5.

nen nicht
= non MPs. 3, 2. 5, 10. 6, 5. 9, 19. 26. CPs. 3, 2. 5, 3. 10. 13, 1. 2. 145, 2.

ne ne nicht
= ne [beim impt.] CPs. 37, 21.
= non CPs. 88, 35. QLR. 54, 10. 81, 6. 129, 14. (69, 8).
ne ne im Vergleich der Ungleichheit nach que [= quam] QLR. 282, 15.

ne ne—mic = non enim QLR. 8, 15.

nenil nein R³1834.
nenal B¹9368. 24499 (Ms. T nenil).
nanal B²14558.
va! nanal B²28560 (Ms. T nenil).

ne--pas
= ne [beim impt.] CPs. 58, 11. 78, 8. (145, 2) QLR. 59, 1. 73, 13. 87, 16. 166, 13. 170, 5.
= nequaquam QLR. 77, 7. 133, 3. 180, 4. 219, 8. 225, 15.
= non MPs. 25, 27. 118, 176. CPs. 21, 25. 75, 8. 77. 10. 81, 5. 142. 2. QLR. 65, 14. 66, 9. 77, 5. 84, 7. 99, 18.

nen pas = ne MPs. 73, 23.
= non CPs. 73, 9. 131, 10. 142, 2. 146, 10.

ne ne pas = non enim QLR. 27, 2.
= etiam—non QLR. 59, 7.

ne pas del tut durchaus nicht QLR. 83, 15.
ne—del pas nicht B²13169.
pas nicht B²37204.

n'est pas issi nein = nequaquam QLR. 35, 2.
nu fait pas nein QLR. 56, 7.

ne—pas Fragepartikel = num QLR. 87, 15.

ne—que nur R⁸1412. 1416. 1655. 2651. 3344. B²4398. 9449. 9469a. 10071. 26146.

ne—encore que kaum R⁴9261.

ne sai [quanz jurs] parenthetisch die Unbestimmtheit des Umfangs eines Satzteils ausdrückend R³459 vgl. 533. 542. 604. 771.

nïent; neient MPs. oft und CPs. 90, 10. neent B²30004. 38281. naient B²14095.

nent B¹335. 1663. B²23755 nicht
= ne [beim impt.] MPs. 39, 15. CPs. 6, 1.
= non MPs. 99, 3. 102, 9. 10. 105, 24. 106, 40. CPs. 1, 5. 5, 4. 7, 12. 24, 16. 35, 1. 4. QLR. 230, 19. 259, 4. 269, 4. 351, 11. 366, 20.
vgl. MPs. 77, 20. neientewos liu = inaquoso. Ebenso MPs. 77, 45. 105, 14. 106, 4. 123, 4. CPs. 9, 28. 14, 5. 17, 23. 25, 30.

nient ne = non CPs. 9, 18. 36. 15, 10. 16, 3. 5. QLR. 34, 12. 269, 4. 358, 14. 18. 359, 1.
= ne [beim impt.] MPs. 27, 3.
= minime QLR. 29, 8.

neient non B²40842.
a neient nicht B¹109.
de neient um nichts B²31986.
por neient gar nicht B²41420.
  por nient R⁴4450. 4451. 4452.

ni nicht B²12195. 20714. 23462. 24705. 32251.

nun; nou R⁴4308. 4593. 5790. 5802. 5967. B¹164. 1439. B²337. 475. 974. nu B¹495 nicht

= non MPs. 67, 20. QLR. 11, 9. 181, 11. 236, 13. 327, 3. (23, 6).

vgl. CPs. 73, 18 nun savanz = insipiens. Ebenso CPs. 87, 4. 91, 6. 93, 8. MPs. 73, 18. 91, 6. 93, 8. 105, 35.

non mie $B^2$8013. 22950. 23978. 25157. 39022.

non ne $B^2$3072a. 24334.

non pas $R^3$58. $B^2$4176. 9153. 11216. 15042. 16394.

non plus nicht mehr $B^2$12189.

nun nein = recte QLR. 364, 13 als Antwort auf eine Frage mit verneintem Sinne.

non pas nein $B^1$95.

ol ja QLR. 58, 13. 59, 10. 332, 8. 338, 1.

oal QLR. 90, 15.

oïl QLR. 228, 19. 382, 7.

point ne nicht $B^1$415. 1537. $B^2$10737. 14333. 15873.

ne point de $B^3$16157.

pol cel estre: poet cel estre $R^4$4666. 5912. put cel estre MPs. 54, 13. 80, 13. 123, 3. 4. 138, 10. QLR. 408, 9.

puet cel estre CPs. 118, 92. 123, 3. 4. 5. 138, 12 vielleicht = forsitan MPs. 54, 13. 80, 13. 123, 3. 4. 138, 10. CPs. 118, 92. 123, 3. 4. 5. 138, 12. QLR. 182, 3. 408, 4.

que Ausruf einleitend $R^3$1940. $R^4$4544. 4545. 5728. $B^1$1283. $B^2$4666. 9150. 23179. 30934.

que dir. Rede einleitend $B^2$4664.

quei: *a quei* warum = quid MPs. 3, 1.

= ut quid MPs. 9, 22. 67, 16. 79, 13.

de quei warum $R^3$3042. 6790. $B^2$6332. 19419. 38676.

pur quei; purqei CPs. 67, 17.

= cur MPs. 48, 5. QLR. 3, 4. 80, 16. 162, 15. 175, 1. 192, 1.

= propter quid MPs. 9, 96.

= quam ob causam QLR. 358, 2.

= quam ob rem QLR. 3, 5. 105, 1.

= quare MPs. 2, 1. 21, 1. 41, 6. 13. 16. CPs. 2, 1. 9, 21. 34. 21, 1. 41, 5. 9. QLR. 3, 4. 8, 13. 9, 13. 14, 10. 21, 1.

= quid MPs. 51, 1. CPs. 3, 1.

= ut quid MPs. 4, 3. 73, 1. CPs. 73, 1.

pur quei wie lange = usquequo QLR. 58, 1. 127, 11. 191, 15.
por quei warum R⁴3673. 5909. B²11286. 15088. 15223. 15224. 16589.
pur que B²2882. (pur qu' B²184. 618).
por que B⁰11580.
rien : de r. ne durchaus nicht B²16193. 17090. 17112. 19279. 19856.
de nule rien ne B²26874.
saveir nämlich B²528. 1339. 2981. 7353. 7496.
siveals wenigstens R³2458.
veaus wenigstens B²12125. 18816. 18849. 19403.

Conjunctionen.
I. coordinierende
1) kopulative:

e und
- = ac, atque MPs. 1, 2. CPs. 1, 2. 34, 11. 89, 6. QLR. 9, 5. 53, 8. 141, 10. 192, 16. 238, 19.
- = [cum prp.] QLR. 51, 1.
- = et MPs. 1, 1. 3. 4. 2, 1. 2. 8. CPs. 1, 1. 2. 3. 4. 7. QLR. 1, 1. 2. 2, 3. 5. 12.
- = et - et QLR. 41, 11. 49, 10. 121, 13.
- = etiam QLR. 76, 5.
- = insuper et QLR. 16, 10. 332, 4.
- = que QLR. 4, 12. 14, 10. 15, 1. 3. 16, 16.
- = quoque QLR. 15, 15. 27, 15. 71, 1. 123, 5. 148, 17.
- = tam - quam QLR. 9, 5. 98, 12. 141, 15. 218, 6.

e in disjunktivem Sinne
- = aut QLR. 51, 6. 195, 7. 262, 16. 418, 11.
- = vel QLR. 92, 2.

e in adversativem Sinne: aber, und doch
- = at QLR. 184, 1. 339, 4.
- = at vero QLR. 281, 6.

= autem QLR. 2, 8. 8, 17. 12, 16. 17, 1. 22, 7.
= porro QLR. 14, 3. 18, 1. 38, 9. 42, 2. 43, 8.
= sed QLR. 265, 7. MPs. 6, 3.
= sed et QLR. 45, 12. 48, 3. 91, 10. 102, 7. 124, 7.
= vero QLR. 200, 14.
= verutmtamen QLR. 10, 7. 311, 12. 391, 3.

e in kausalem Sinne: nämlich
= enim QLR. 44, 13. 79, 14. 89, 10. 100, 11. 173, 15.
= namque QLR. 233, 11.
= quippe QLR. 24, 1. 33, 11. 201, 5. 266, 2. 304, 11.
= siquidem et QLR. 134, 5.

e in konklusivem Sinne: und so
= ergo QLR. 8, 10. 12, 3. 44, 15. 47, 19. 51, 17.
= igitur QLR. 333, 10. 365, 6.
= itaque QLR. 13, 6. 107, 3. 118, 12. 155, 1. 165, 1.
= tunc QLR. 191, 3. 342, 4.

Anm. quant plus ... e plus je mehr — um so mehr R^{3}943.

si; se CPs. 43, 20. 93, 18. QLR. sehr oft: und
= et CPs. 43, 20. 93, 18. (68, 4. 103, 29). QLR. 6, 2. 9, 6. 11, 11. 14, 12. 16, 9.
= que MPs. 67, 13. QLR. 26, 12. 67, 3. 74, 9. 91, 8. 94, 11.
= quoque QLR. 174, 3.

si in adversativem Sinne: und doch
= autem QLR. 204, 9. 331, 3.

si in kausalem Sinne: nämlich
= enim QLR. 160, 9. vgl. kar si CPs. 95, 5.

si in konklusivem Sinne den Nachsatz einleitend
CPs. 58, 15. 74, 2. 89, 5. 108, 8. QLR. 91, 17. 107, 14.
vgl. CPs, 65, 17 pur ceo si. CPs. 41, 6 pur ices choses si.

e si und
= et MPs. 2, 9. 11. 3, 5. 7, 16. 8, 6. CPs. 3, 5. 34, 10. 36, 27. 32. 40. QLR, 5, 11. 12, 2. 10. 18, 14. 27, 8.
que QLR. 4, 1. 79, 12. 215, 15.

e si in advers. Sinne = autem QLR. 10, 14.
e si in konklus. Sinne = siquidem QLR. 115, 16.
puis si = que QLR. 172, 9.

e ne und nicht
> = neque MPs. 5, 5. 17, 42. 45. 29, 1. 30, 10. CPs. 5, 3. 31, 2. 34, 26. 36, 1. 37, 1. QLR. 46, 9. 52, 1. 110, 16. 169, 15.

ne und nicht
> = et non QLR. 36, 2. 57, 3. 98, 9. 107, 10. 116, 1.
> = neque MPs. 1, 6. 7, 2. 18, 3. 21, 25. 24, 2. CPs. 1, 6. 6, 1. 32, 16. 36, 25. 48, 8. QLR. 122, 15. 126, 11. 350, 18. 353, 4. 10.

ne und (nach vorausgehendem negativen Satze)
> = atque QLR. 232, 6.
> = ant QLR. 44, 14.
> = et CPs. 145, 2. QLR. 45, 2. 104, 4. 107, 10. 168, 11. 181, 2.
> = vel QLR. 77, 6. 133, 9.

ne und (nach vorausgehendem positiven Satze) B²1815. 1924. 2122. 2956. 3082.

ne und (vor dem Fragewort) R²5. B¹183. 618. 711. B²2687. 2881. 2885. 2982. 3097.

nen und nicht = nec CPs. 21, 2. 81, 5.
> e nen = nec MPs. 31, 2. CPs. 9, 24.

ne ne und nicht
> = neque MPs. 5, 5. 14, 4. 15, 10. 26, 15. 34, 28. CPs. 14, 3. 15, 4, 10. 18, 6. 21, 25. QLR. 11, 5. 12. 126, 11. 324, 2.
> ne—ne ne denn nicht = neque enim QLR. 229, 16.

ne nen und nicht = neque MPs. 130, 2. CPs. 77, 23. 146, 10.

ne ne—mie denn nicht = non enim QLR. 8, 15.

ne ne—pas und nicht
> = neque QLR. 59, 5. 201, 12. 368, 5. 404, 17.
> ne ne—pas denn nicht = non enim QLR. 27, 2.
> ne ne—pas auch nicht = etiam non QLR. 59, 6.

ne—pas auch nicht = nec QLR. 403, 3.
> e ne—pas und nicht = nec MPs. 17, 45. QLR. 182, 1. 193, 3. 297, 11. 309, 4.

e niënt und nicht = nec MPs. 34, 19. CPs. 9, 12.
  e n. ne und nicht = nec CPs. 100, 3.
 *2) disjunktive Konjunktionen:
u; ou CPs. 76, 9. 87, 10; o R⁴1015. B²16747 oder
  = alioquin QLR. 75, 11.
  = an QLR. 181, 11. 336, 12. 417, 15.
  = ant MPs. 8, 5. 13, 3. 14, 1. 23, 3. 29, 12. CPs. 13, 3. 29, 11. 49, 13. 76, 9. 87, 10.
  = et QLR. 95, 8. 104, 4. 144, 17.
  = sive QLR. 126, 15. 325, 11. 357, 3.
  = vel CPs. 8, 5. QLR. 65, 17. 263, 14. 369, 10. 378, 17.
altrement ensurquetut übrigens
  = alioquin CPs. 88, 48.
 3) Adversative Konjunktionen:
acertes aber, doch
  = autem MPs. 6, 5. 10, 3. 6. 14, 5. 16, 17. CPs. 2, 6. 5, 6. 9, 7. 10, 6. 14, 4.
  = quoque CPs. 18, 13. 26, 7. 83, 6.
  = utique MPs. 54, 12. 57, 1. 11. CPs. 57, 1.
  = vero MPs. 21, 19. 49, 18. 54, 14. 26. 58, 17. CPs. 62, 9. 77, 38. 105, 42.
  = verumtamen MPs. 38, 15. 61, 4. CPs. 38, 13.
einz; ainz R¹601. 658. R³1393. 1634. 2935. B¹580. 706. 811. 831. 1708. enz QLR. 260, 9. 430, 14 sondern (nach voraufgehendem negativen Satze)
  = et QLR. 269, 6.
  = magis QLR. 161, 6.
  = que QLR. 163, 11.
  = sed QLR. 28, 7. 213, 3. 280, 3. 347, 2 (282, 9).
 ainz aber R³141. B²4840. 32580.
 mais ainz doch B¹1278.
 ainz (nicht zu Anfang des Satzes) vielmehr B²2116. 8301, 9503. 13790. 14841.
 ains vielmchr B²12680.
ainceis sondern B¹1538. B²704. 1784. 3381. 5590.

ainceis (nicht zu Anfang des Satzes) vielmehr B§25704. 29180.

mais; mes QLR. 67, 16. CPs. 117, 17.

meis CPs. 43, 3 ; aber, sondern (oft nur an das vorhergehende anknüpfend ohne wesentlich adversativen Charakter)
- = at QLR. 213, 3. 430, 13.
- = attamen QLR. 233, 14.
- = autem MPs. 5, 7. 12, 5. 19, 8. 26, 16. 27, 4. CPs. 33, 10. 34, 10. 88, 34. 118, 51. 140, 10. QLR. 1, 4. 8, 3. 9, 19. 34, 11. 45, 13.
- = ergo QLR. 12, 18. 21, 4. 27, 5. 39, 14. 100, 1.
- = et CPs. 77, 39. QLR. 5, 3. 17, 4. 39, 5. 41, 7. 57, 12.
- = igitur QLR. 104, 1.
- = insuper QLR. 309. 5.
- = itaque QLR. 165, 15. 281, 12. 366, 17.
- = nunc ergo QLR. 13, 7.
- = que QLR. 48, 15. 71, 13. 197. 7. 202, 6. 352, 1.
- = quin imo QLR. 77, 11.
- = quin potius QLR. 164, 2.
- = sed MPs. 1, 2. 5. 43, 5. 51, 7. 77, 74. CPs. 22, 4. 6. 24, 2. 43, 3. 84, 12.
- = sed magis QLR. 304, 15.
- = sed tantum QLR. 83, 9.
- = vero QLR. 220, 9. 221, 8.
- = verum CPs. 43, 9. 48, 9. QLR. 403, 3.
- = verum tamen QLR. 57, 19. 159, 17. 214, 5. 280, 15. 296, 7.

mais adecertes (B acertes) = verum tamen CPs. 61, 9.

mais e neïs aber auch = sed et CPs. 107, 1.

mais nedés aber auch = sed et MPs. 38, 9. 70, 27.

mais neés nen aber auch nicht = sed nec CPs. 134, 17.

mais neïs aber auch = et nec QLR. 304, 14.

mais nequedent jedoch = attamen CPs. 139, 14.
- = verumtamen CPs. 61, 5. 72, 18. 74, 8. 84, 9. 90, 8. MPs. 31, 8. 38, 8. 61, 5. 9. 67, 23.

mais nach Negation: ausgenommen
- = exceptis QLR. 236, 1.
- = nisi QLR. 72, 10. 355, 10. 372, 9.
- = praeter QLR. 158, 4.

nepuroc indessen QLR. 165, 16.
- neporoc R⁴8581. 9109. B²21538. 27800. 41721. B²57.
- nepuruec R⁹52. 2804.
- nepuroec R⁴2495.
- neporoec B²5594.

nequedent jedoch
- = attamen CPs. 72, 1.
- = et tamen CPs. 61, 1.
- = verumtamen MPs. 38, 9. 48, 16. CPs. 48, 15.
- e nequedent = attamen CPs. 61, 2.
- acertes n. = verum tamen CPs. 38, 13.
- mais n. = attamen CPs. 139, 14.

porquant aber, dennoch B²30001. 33192. 36395. 37108. 38973.
- purquant B⁹1186. 9382.
- porquant sondern B²30459.

nepurquant; neporquant B²18748. 22080. 22164. 25553. 38129 jedoch
- = nihilominus QLR. 404, 13.
- = tamen QLR. 125, 1. (280, 3).
- = verumtamen QLR. 125, 1.

mais nepurquant
- = attamen QLR. 349, 1.
- = sed QLR. 340, 5. (156, 4. 404, 5).
- = verumtamen QLR. 315, 11. 351, 14. 384, 8. 388, 14. 430, 1.

por tant indessen R⁴6478.
- por itant R⁴11388.

que sondern B²6583.
qui sondern B¹1439. 1611. 1689. B²503. 723.

 4) Kausale Konjunktionen:

acertes denn

= enim MPs. 43, 23. 50, 7. 53, 4. 61, 1. 134, 17. CPs. 17, 29. 38, 7. 50, 6. 61, 4. 78, 14.
= etenim MPs. 67, 20. 128, 2. 138, 9.
= quidem MPs. 34, 23.
= siquidem CPs. 36, 25. 67, 17. 83, 3. 95, 10.

kar; quar MPs. oft. ker CPs. aber erst von 131, 12 an: denn
= enim MPs. 9, 28. 34, 36. 24, 12. 43, 4. CPs. 5, 10. 9, 4. 15, 10. 17, 22. 26, 6. QLR. 5, 3. 11, 8, 16, 4. 41, 9. 79, 10.
= [eo quod] QLR. 17, 7. 167, 9. 294, 11. 332, 8. 392, 11.
= etenim MPs. 15, 6. 18, 12. 24, 2. 36, 26. 40, 10. CPs. 118, 23.
= nam MPs. 22, 4. 61, 2. 70, 25. 118, 24. CPs. 131, 12. QLR. 52, 15. 88, 2. 313, 7.
= [propter quia] CPs. 115, 1.
= [quia] MPs. 3, 5. 17, 24. 23, 2. 24, 5. 32, 4. CPs. 3, 5. 8. 5, 1. 6, 8. 9, 23. QLR. 4, 5. 6, 4. 8. 8, 1. 9, 4.
= quippe QLR. 195, 1. 234, 4. 236, 3. 248, 2.
= [quod] QLR. 2, 9.
= [quoniam] MPs. 1, 7. 3, 7. 4, 10. 5, 10. 12. CPs. 1, 7. 5, 3. 6, 2. 5. 9, 10. QLR. 13, 10. 18, 11. 92, 10. 95, 13. 99, 17.
= siquidem QLR. 110, 8. 409, 9.

kar in kopulativem Sinne
= ecce QLR. 101, 9.
= et QLR. 71, 1.
= que QLR. 260, 10.
vgl. kar ne — neque QLR. 116, 18.

kar in adversativem Sinne
= alioquin QLR. 101, 5.
= at QLR. 16, 9.
= autem QLR. 311, 14.
= porro QLR. 298, 13, 431, 8.
vgl. QLR. 361, 12 ha! kar fust = utinam fuisset.

que denn R²1201. 1834. B²3348. 3493. 3815. 3831. 5084.

5) **Konklusive Konjunktionen:**

a itant also
- = ergo QLR. 24, 9. (28, 12).

a tant so denn, also
- = ergo QLR. 93, 16. 287, 14. 325, 4. 362, 13. 367, 8.
- = igitur QLR. 383, 15.
- = itaque QLR. 13, 4. 72, 17. 232, 1. 293, 12. 324, 3.

a tant in kopulativem Sinne:
- = et QLR. 35, 16. 56, 19. 81, 10. 126, 6. 349, 9.
- = que QLR. 167, 9. 320, 8. 348, 12.

a tant in advers. Sinne
- = at QLR. 92, 8.
- = autem QLR. 32, 8. 34, 8. 44, 1. 46, 19. 106, 5.
- = ecce QLR. 166, 18.
- = porre QLR. 284, 1.

dunc daher, also
- = ergo CPs. 105, 14. 22. QLR. 14, 12. 74, 2. 101, 8. 219, 10. 310, 15.
- = itaque QLR. 59, 8. 150, 11. 166, 9. 230, 5, 330, 19.

dunc in kopulat. Sinne
- = et QLR. 88, 5. 92, 17. 176, 5. 193, 12. 199, 11.
- que QLR. 18, 15. 49, 1. 50, 13. 87, 3. 169, 9.
- = quoque QLR. 376, 13.

dunc in advers. Bedeutung
- = at QLR. 359, 17. 378, 19.
- = autem OLR. 15, 17. 18, 5. 10. 19. 38, 3.

e dunc = et QLR. 142, 8.
- = ergo QLR. 233, 3 (12, 7).

dunches also = ergo CPs. 38, 9 (B dunkes).
e dunches = ergone (Frage einleitend) CPs. 76, 7. 8.
idunc schliesslich - ergo QLR. 12, 1.
- id. kopulativ = que QLR. 363, 16.
- id. kausal: kar idunc denn QLR. 14, 17.

gieres; gierres CPs. 77, 31. 105, 39. also
- = ergo CPs. 2, 10. 63, 7. 77, 31. 81, 7.

= itaque CPs. 105, 39.
gieres nen = ergone CPs. 30, 23.
gieres dunne = ergone CPs. 72, 13.

lores so denn
= ergo QLR. 19, 4. 84, 1. 87, 3. 191, 9. 272, 15.
= igitur QLR. 104, 3. 265, 13. 332, 1.
= itaque QLR. 31, 12. 74, 6. 153, 5. 190, 3. 357, 8.

lores in kopul. Sinne: und, und so
= et QLR. 46, 17. 110, 4. 170, 14. 200, 10. 218, 6.
= que QLR. 127, 7. 279, 11. 304, 10. 318, 4. 335, 7.
quoque QLR. 197, 1. 224, 6.

lores in adv. Sinne: aber
= at QLR. 360, 13.
= autem QLR. 24, 11. 81, 3. 403, 14. 408, 3. 436, 3.

par tant infolgedessen QLR. 61, 2.
par itant R²88 schliesslich.

puis; pois QLR. oft: dann
= ergo QLR. 265, 1. 269, 13.

puis in kopul. Bedeutung:
= et QLR. 33, 11. 71, 18. 131, 1. 160, 16. 187, 11.
= que QLR. 259, 18. 308, 15. 317, 13. 331, 10. 341, 23.

puis in adversativer Bedeutung: aber
= autem QLR. 5, 1. 25, 9. 38, 7.
= sed QLR. 328, 18.

e puis und
= et QLR. 126, 18. 141, 15. 155, 2. 164, 6. 181, 6.
= et sic QLR. 322, 13.
= insuper QLR. 194, 4.
= que QLR. 26, 3. 278, 16.

e puis in advers. Bedeutung: aber
= at QLR. 359, 14.

puis si in kopul. Bedeutung:
= et QLR. 229, 13.
= que QLR. 229, 13.

pur ce deshalb
= ideo MPs. 30, 29.

= propterea MPs. 17, 53. CPs. 72, 10.

pur ceo
- = idcirco CPs. 118, 129.
- = ideo CPs. 1, 6. 45, 2. 65, 17. 72, 6. 77, 22.
- = igitur QLR. 352, 3.

pur ço
- = ecce QLR. 306, 6.
- = ergo QLR. 29, 14. 30, 8. 37, 7. 39, 5. 43, 3.
- = idcirco QLR. 12, 14. 110, 17. 145, 7. 193, 4. 292, 12.
- = ideo QLR. 151, 13. 326, 6. 347, 1.
- = igitur QLR. 41, 10. 150, 14. 242, 14. 382, 16.
- = itaque QLR. 19, 8. 151, 16. 161, 17. 195, 3. 327, 13.
- = propterea QLR. 9, 18. 138, 12. 146, 14.
- = [propter quam causam] QLR. 107, 3.
- = quam ob rem QLR. 98, 13. 159, 7. 242, 10. 344, 11.
- = quapropter QLR. 100, 5.
- = [unde] QLR. 170, 3.

pur ço in kopul. Bedeutung:
- = et QLR. 47, 14. 68, 16. 138, 4. 147, 19. 176, 1.
- = que QLR. 109, 4. 126, 4. 176, 5. 227, 3. 231, 4.

pur ço in adv. Bedeutung:
- = autem QLR. 197, 17.
- = nihilominus QLR. 405, 6.
- = sed QLR. 169, 15. 187, 6.
- = tunc QLR. 269, 1.

pur ice
- = propterea MPs. 41, 8. 44, 9. 20. 51, 5. 65, 18. CPs. 118, 127.

pur iceo = propterea CPs. 17, 50. 44, 7. 17. 118, 104. 119, 128.
pur ices choses = propterea CPs. 41, 6. 109, 8.
em pur ice; em pur ce MPs. 72, 6. 10. 109, 8; daher
- = ideo MPs. 1, 6. 72, 6. 10. 77, 25. 109, 8.
- = propterea MP. 44, 3. 118, 6. 7. 104.

de altre part daher
- = quam ob rem QLR. 415, 10.
- = et QLR. 146, 14.

Korresponsion koordinierender Konjunktionen.

$e-e$ sowohl—als auch
- = et—et CPs. 22, 6.
- = et CPs. 28, 1. QLR. 90, 14. 235, 1.

fust—fust sei es — sei es R³29. R⁴907. 908. 909. 5373.

ne—ne weder — noch
- = nec—nec CPs. 74, 6. QLR. 80, 17. 109, 3. 110, 9. 165,5. 170, 3.
- = aut- et—vel (nach Negation) QLR. 195, 7.
- = aut (nach Neg.) QLR. 101, 12. 196, 11.
- = sive (nach Neg.) QLR. 423, 2.
- = non vel—vel QLR. 87, 17.

que—que sowohl—als auch QLR. 2, 15. 68, 7. 244, 17. 341,20.
  que—que—que = tam—quam—et QLR. 116,12.
  que—si que R¹449.

seit—seit sei es dass—sei es dass R⁴49. 5538.

si—si sowohl—als auch R³1760.

tant—tant sowohl—als auch R 1392. 2391. R⁴5033. 5458. B¹108. B²12958.

u—u entweder—oder
- = aut- aut QLR. 217, 5 (84, 6).
- = sive—sive QLR. 175, 9.
- = vel QLR. 263, 14.

Subordinierende Conjunctionen.
A. Reine Conjunctionen.

1) **des den Nominativ vertretenden Konjunctionalsatzes:**

ço que: e ço que l'um ne l'volt sieure (est) sicume li pecchiez QLR. 56, 10.

vgl. ceo que B²439. 1592. 1605. 2240.

vgl. c'est ja mult doleros torment *qu'*a vivre a crieme B²22480.

que das subj. näher bestimmend: desplut mult ceste parole a Samuel qu'il altre rei demanderent que Deu QLR. 26, 15.

2) **des den Accusativ vertretenden Konjunktionalsatzes**:

que; ke CPs. 134, 5. 139, 13. 141, 4. 143, 3 : dass
- = [acc. c. inf.] QLR. 47, 13. 78, 9. 92, 14. 156, 17. 184, 14.
- = eo quod QLR. 54, 13. 79, 10. 94, 1. 148, 1.
- = quia MPs. 58, 15. 77, 39. 43. 82, 17. 95, 9. CPs. 9, 35. 55, 9. 77, 39. 118, 75. 139, 12. QLR. 12,2. 21, 11. 39, 1. 40, 12. 121, 1.
- = quod MPs. 8, 5. 49, 22. 113, 5. 118, 7. CPs. 36, 13. 72, 4. 113, 4. 118, 152. 141, 4. QLR. 10, 11. 12, 11. 14. 13, 8. 49, 12.
- = quoniam MPs. 4, 4. 19, 6. 40, 2. 93, 11. 99, 3. CPs. 4, 3. 33, 8. 40, 11. 99, 3. QLR. 95, 1. 133, 11. 13. 137, 16. 313, 16.
- = ut [nach vb. dicendi] MPs. 35, 1. 39. 11. QLR. 127, 11.

que vor dem von einem vb. dicendi abhängigen obj. R¹119.

3) **des präpositionalen Nebensatzes**

a ce que dadurch dass B²42057.

   ad co que R⁴6938.

de ço que; de ceo que R⁴1446. B²10800. de ce que B²6125. 19583. 29709. 29925. 30529 darüber dass
- = eo quod QLR. 83, 2. 140, 5. (125, 14. 243, 2).
- = quia QLR. 278, 1. 321, 1. 15.
- = quod QLR. 231, 3. 260, 7. 276, 13.
- = [super c. abl. + rel. pron.] QLR. 330, 7.

en ço que; en ce que B²25076 indem
- = eo quod QLR. 340, 5 (168, 17. 340, 2).
- = [part. praes.] QLR. 40, 13. 122, 4.
- = quia QLR. 56, 13.
- = ut QLR. 40, 17.

en ce que darin dass B²15400.

en por ce que darüber dass B²34132.

endreit ço que indem nämlich QLR. 169, 11.

   endr. ço que darüber dass = propter + subst. + rel. pron. QLR. 430, 2.

od ce que zugleich damit dass B²23363. 38329. 38332.

par ce que dadurch dass B²12330. 14151. 27117. 38674.
   par ceo que indem B²38305.
par un poi que ne indem wenig fehlte, dass B²18627. 40557.
   par unsol poi que ne B²20245. 27372.
   par poi que ne B¹1798. B²2077. 13046. 14254. 16139.
   por poi que ne R⁴8128. 8465. 8760.
que als = [abl. rel. pron.] MPs. 19, 10. CPs. 19, 9. 77, 42.
   QLR. 25, 5. 68, 12. 81, 6. 205, 1.
   des le jur que = ex die illa qua QLR. 143, 4. 19.
   de quel ure que sobald als = cum QLR. 180, 12.
que wo = [in c. abl. rel. pron.] QLR. 332, 5. MPs. 31, 10.
   CPs. 44, 13.
senz ce que ohne dass B²6790. 18215. 40007. 40416.
   senz ceo que B²13462. 15226.
   sainz ço que ne ohne dass R⁴6589.
   4. des Konsekutivsatzes:
que; ke CPs. QLR. oft: qued vor il MPs. 101, 22. 104, 23:
   so dass
   = [abl. absol. praes.] QLR. 226, 12.
   = ut MPs. 18, 15. 22, 9. 29, 15. 30, 3. 35, 3. CPs. 22, 9.
   29, 14. 33, 16. 49, 4. 16. QLR. 10, 8. 14. 36, 7. 146,
   8. 165, 7.
   tant que so dass QLR. 65, 9.
   tel que solch — dass QLR. 36, 7.
   que—ne dass nicht = ut non MPs. 9, 42. 16, 5. 6. 38, 1.
   68, 18. CPs. 57, 5. 58, 13. 68, 17. 77, 44 118, 80.
   QLR. 37, 17. 80, 13. 113, 9. 411, 19. 425, 10.
si que so dass
   = [et] QLR. 171, 11. 318, 14. 363, 7.
   = in tantum ut QLR. 235, 7. 333, 3.
   = [itaque] QLR. 430, 4.
   = ita ut QLR. 98, 15. 145, 5. 202, 1. 354, 14. 379, 12.
   = [porro] QLR. 92, 14.
   = [que] QLR. 333, 21. 373, 9. 401, 6.
   = [siquidem] QLR. 258, 16.
   = ut QLR. 209, 8. 265, 11. 317, 3. 425, 9.

si que ne ohne dass = [abl. absol.] QLR. 132, 3. 222, 12. 231, 15.

issi que so dass = ut QLR. 186, 15.

5) des näher bestimmenden Verhältnisses: que indem R³3000. 3966. 4049. R⁴4205. B¹434. B²955. 2934. 3440. 25104.

B. Adverbiale Conjunctionen.

1) Temporale Conj.

a ço que als QLR. 47, 16.

    a ceo que R³3792.

ainz que; einz que R⁴614. ains que B²36571. ain que B²24147. bevor

    = antequam CPs. 38, 15.

    = priusquam MPs. 38, 18. 57, 9. 89, 2. 118, 67. 128, 5.

    devant ainz que B²42233.

    ainz bevor R³2522. B²2343.

aprés que nachdem B²36758. 37100.

    aprés ce que B²7959.

    aprés ques B²41475.

cume als, nachdem

    = [abl. absol.] QLR. 14, 6. 189, 2. 199, 4. 203, 10. 225, 10. vgl. cume... = adhuc + abl. absol. 225, 12.

    = cum MPs. 2, 13. 16, 17. 36, 25. 35. 36. CPs. 4, 3. 9, 3. 30. 11, 8. 27, 2. QLR. 15, 1. 19, 4. 42, 3. 55, 4. 351, 1.

    = [part. prs.] QLR. 68, 2. 152, 15. 153, 8. 283, 13. 307, 12.

    = quod cum QLR. 301, 26.

desi cum B²6600.

    deisi cum B⁴8298. 12613. 13211.

    deissi cum B²26668. 39802.

si cume als B²7445.

si tost cume (come R⁴3924) sobald als = statim ut QLR. 173, 19. 380, 4. (46, 19. 292, 20).

tant cume solange als

    = cum QLR. 9, 8. 136, 3. 180, 19. 195, 1.

    = cum adhuc QLR. 160, 9. 18. 187, 17. 282, 5.

    = cunctis diebus quibus QLR. 86, 2.

= dum adhuc QLR. 161, 3.
= quamdin CPs. 145, 1.
tant dementres cum während
   = [abl. absol. prs.] QLR. 291, 10.
tant tost cume sobald als
   = [abl. absol.] QLR. 184, 1.
   = cum QLR. 64, 6. 293, 13. 313, 16. 315, 7. 424, 2.(46, 13).
en tant cume während B³5877. R⁴11209 (come).
tandis cum während B²1400.
dementres que während
   = cum MPs. 136, 1.
   = dum MPs. 7, 2. 9, 23. 32. 26, 3. 27, 2.
dementiers que = dum CPs. 26, 3. 67, 8.
dementiers que = cum als CPs. 67, 15.
dementiers que so lange als = donec CPs. 60, 6.
endementres que R⁴2886. 3081. 4305. 4967. 6947.
depuis que seitdem B²17634.
des ci que; des ci ke CPs. 131, 5 bis = donec CPs. 131, 5.
   QLR. 85, 16.
de ci que = donec QLR. 152, 4. 175, 18. 202, 14. 212, 1.
   338, 6.
de si que R¹336. 427. R⁴4638. 8158. 8868.
de si la que R⁴10883.
de ci la que B²37820.
de ci B²32503. 41581.
ci que B²22620. 32633. 34834. 36116. 36265.
si que bevor = priusquam QLR. 59, 11.
si que bis = donec QLR. 381, 16. 434, 7.
des que bis = donec MPs. 17, 41. 56, 2. 57, 7. 70, 21. 93, 13.
   CPs. 17, 38. 70, 18. 71, 7. 72, 17. 93, 13.
des que nachdem R²659. 1052. 1659. 2234.
des que sobald als R²2006. 2876. 3067. 3134. 4013.
   B²56. 5651. 5791. 5892. 6640.
des que seitdem R²2219. B²383.
desque dementiers ke solange als = donec CPs. 38, 2.
des que la que bis = quoadusque MPs. 93, 15.

devant ço (ceo CPs.) *que* bevor
- = antequam CPs. 57, 9. 89, 2. 118, 67. QLR. 130, 5. 339, 9. 348, 12. 414, 14. (184, 6).
- = donec QLR. 209, 6. 399, 10.

d' ici que bis = donec QLR. 76, 9.
- = usquedum QLR. 176, 8.

dum[1])

duxque (Ms. T trusque) bis B²20205.

jesque bis
- = donec QLR. 5, 4. 30, 7. 33, 13. 46, 9. 184, 6.
- = usque in diem in qua QLR. 311, 15.

od ce que indem, weil B²37051. 38482.

par ço que dadurch dass = cum QLR. 135, 18. 435, 18.

puis que; pois que QLR. oft: als, nachdem
- = [abl. absol.] QLR. 216, 9.
- = a die qua QLR. 27, 3.
- = cum QLR. 46, 8. 58, 2. 69, 1. 314, 12. 382, 5.
- = ex die qua QLR. 112, 9.
- = [part. prs.] QLR. 119, 3.
- = postquam MPs. 126, 3. QLR. 3, 7. 5, 6. 317, 6 (98, 1. 210, 15).
- = nunc quia QLR. 161, 5.

puis que während hingegen = donec QLR. 6, 12.

quant; cant B²22866. quan QLR. 95, 17 als, nachdem
- = [abl. absol.] QLR. 161, 1. 211, 1. 364, 3.
- = cum MPs. 4, 1. 4. 9, 33. 13, 11. QLR. 10, 10. 32, 11. 16. 53, 5. 86, 13.
- = [part. praes.] QLR. 314, 14.
- = postquam QLR. 140, 1.
- = quando MPs. 100, 2. CPs. 100, 2. QLR. 33, 10. 60, 4. 79, 3. 83, 13. 147, 1.
- = quod cum: al jur quant QLR. 88, 15.

quant bis = donec QLR. 300, 12.

quant weil
- = [enim] QLR. 166, 3.
- = quia QLR. 171, 8.

---
1) dum lat. während B²24531.

quant wenn
   = si QLR. 165, 13.
tant que bis = tamdin — donec QLR. 369, 3. (3, 18. 92, 15. 318, 3. 401, 12).
tresque bis R³82. R⁴1342. B²572. 7624.
u sobald als QLR. 91, 7.
   2) Finale Conj.
a ceo que damit R³3821.
   a ce que B²11084.
que; ke QLR. oft; qued vor il MPs. 75, 9. 105, 13. 188, 30: damit
   = [ad + gerund.] QLR. 281, 5.
   = ut MPs. 8, 3. 9, 32. 10, 2. 24, 15. 25, 30. CPs. 8, 3. 9, 14. 13, 3. 30, 39. QLR. 5, 4. 9, 14. 14, 11. 53, 2. 119, 9.
que + conj. = *conj.* (Aufforderung in indirekter Rede) CPs. 77, 26.
que ne damit nicht
   = ne MPs. 9, 34. 35. 12, 4. 15, 8. 68, 28. CPs. 2, 12. 7, 2. 15, 8. 27, 1. 29, 3. QLR. 13, 2. 15, 10. 27, 2. 58, 2. 126, 18.
   = ne ferte QLR. 122, 15. 174, 11. 183, 7.
que alcune fiede ne damit nicht einmal = nequando MPs. 2, 12. 7, 2. 12, 4. 27, 1. 37, 17. CPs. 12, 4.
u [c. conj.] = ut ibi damit dort QLR. 107, 1.
   3. Causale Conj.
desquant da B²455. 6981. 9213. 10866. 11434.
des que da B²5564. 21295. 24587. 25603. 29682.
dunt weil B⁵5558. 5636.
par ce que weil B²28110.
pur ce que; por ce que CPs. 37, 10.
   por ceo que R⁴4036. B²12341. por ço que R⁴4349. 5100. 6247. 6783. 7369 weil
   = quia MPs. 106, 30. 118, 136. CPs. 37, 20. 85, 7.
   = quoniam MPs. 31, 3. 70, 18. 90, 14. 95, 12. CPs. 104, 38.

pur ceo que
> = eo quod CPs. 108, 17. 121, 1.
> = pro eo quod CPs. 108, 5.
> = quia CPs. 31, 3.
> = quoniam CPs. 70, 15. 95, 12.

pur çe que findet sich nur QLR.
> = [enim] QLR. 30, 16. 84, 7.
> = eo quod QLR. 12, 12. 23, 5. 7. 43, 18. 70, 17. 81, 13.
> = [part. praes.] QLR. 56, 14.
> = pro eo quod QLR. 56, 11. 425, 5.
> = quia QLR. 28, 5. 43, 7. 75, 10. 115, 15. 296, 3.
> = quod QLR. 57, 20.
> = quoniam QLR. 86, 12. 140, 2. 153, 11. 159. 17.
> = [scilicet nach rel. prom.] QLR. 270, 3.
> = siquidem QLR. 406, 5.

pur ice que = pro eo quod MPs. 108, 14.
> pur ce que [mit folg. conj.] in finaler Bedeutung = ut MPs. 9, 14. 30, 37. 32, 19. 36, 15. 90, 6.
> Ebenso pur ço que = ut QLR. 71, 17. 178, 1. 430, 13 und pur ice que = pro eo ut MPs. 108, 3.

por que weil B²15905. 16198. 19000. 23340. 28549.
por quei weil B²28548.
quant da R⁴6677. B²11774. 13087. 17923. 24316.

4) Condicionale Conj.

mais que wofern
> = si QLR. 287, 9 (237, 4).
> mais que si B²19857.
> mais que nur dass B²40520.
> mais B²609.

si; se CPs. QLR. häufig: wenn = quodsi QLR. 263, 12 vgl. 182, 15 e si = quod si.
> = si MPs. 7, 3. 4. 12, 5. 18, 14. 26, 5. CPs. 26, 4. 40, 6. 57, 1. 80, 8. 131, 3. 4. QLR. 8, 17. 13, 2. 40, 5. 41, 11. 50, 16.
> = si forte QLR. 411, 13.
> = siquidem QLR. 21, 10.
> = sive QLR. 185, 14.

si in temporaler Bedeutung
= cum QLR. 182, 4.
= quando QLR. 364, 1.

si ne wenn nicht = nisi MPs. 7, 13. 126, 1. 2. CPs. 105, 22. 123, 1. 2. QLR. 77, 6. 100, 6. 103, 18. 136, 15. 319, 15.

si nun wenn nicht
= si non QLR. 36, 12. 40, 8. 349, 2. (109, 15. 170, 8. 337, 2).
= nisi QLR. 194, 6. 310, 3. 311, 6. 363, 19. 379, 6.
si non B²25026.
si nun wofern aber nicht QLR. 21, 11. 371, 8.
si que nun B²39250.

si pur ce nun que wenn nicht
= nisi quia MPs. 93, 17. 123, 1.
= nisi quod MPs. 118, 92.
si pur ceo nun que = nisi quia CPs. 93, 17.
se pur ceo nun que = nisi quod CPs. 118, 92.
si pur ço nun que wenn nicht (sc. wie es hier der Fall ist) = [sed das konditional vereinende subordinierte Urteil des afr. Textes als adversativ bejahendes koordiniertes einleitend].

5) Concessive Conj.

cum als ob [c. conj.] R²2413.

cume si [c. conj.] als ob R¹255. 605. 649. 656. 679. B²7016. 9015. 10385. 18266.
cum si B²13990. 15424. 20354. 25000. 25111.
cume se B²5946. 14014.
comme si R⁴6888. 9494. 10640. 11108.

ja seit ce que obgleich
= et si MPs. 22, 4. CPs. 22, 4.
ja seit ço que = licet [c. conj.] QLR. 124, 17.
ja seit ço que während = cum QLR. 404, 15.
ja s. iço que selbst wenn = si etiam QLR. 92. 6.

quenses que als ob QLR. 409, 7. 19.

Böhmer Rom. Studien III, 406 fälschlich Pensés que konjiziert.

6) **Comparative Conj.**

cume; cum R²107. 147. comme R⁴6058. 6175. 6292. 7450. 7475. com R⁴3950. 4057. 4464. 5009. 5466. B²7897. con B²12179. 24840. 26671. 34903. 35782: sowie, gleich wie
  = sicut QLR. 21, 1 (75, 2).

[tant] cume [soviel] wie
  = [rel. pron.] QLR. 322, 14. 326, 13. (297, 16).
  tant de — cume QLR. 47, 4. 330, 3. 436, 12.
  tantes- cume = tam multa- quam QLR. 272, 16.
  cume [+ adv.] — tant [+ adv.] wie — so = [qantum - tantum] CPs. 102, 12.
  tant cume [+ adj.] — tant [+ vb.] = [quantum - tantum] CPs. 102, 11.

tel — cume QLR. 95, 18.

de tant cume [+ compt.] — tant [+ compt.] je mehr — um so mehr R⁴352.

por tant cume soweit als B²29346.

cum plus — plus je mehr — um so mehr B²18411.
  cum ainz -ainz je eher — um so eher R⁴1854.

si cume; si cumme B⁸6086 so wie
  = ita ut QLR, 236, 8.
  = [iuxta c. subst.] QLR. 81, 15. 305, 6. 307, 5. 311, 16. 317, 4.
  = quasi QLR. 101, 10.
  = quasi si QLR. 142, 2.
  = quemadmodum MPs. 32, 22.
  = quomodo CPs. 82, 14. QLR. 181, 6.
  = sic — sicut QLR, 177, 3.
  = sicut CPs. 32, 22. QLR. 70, 12. 100, 3.
  = sicut et QLR. 15, 11. 26, 13. 95, 5.
  = ut QLR. 133, 3. 261, 1. 417, 15.

si cume (temporal) als
  = [abl. absol. prs. + adhuc] QLR. 223, 3.
  = cum QLR. 43, 5. 366, 5.

si cume (kausal) weil nämlich
  = quia QLR. 362, 8.
si cume (konzessiv nach rel. pron.) wie auch immer =
  utcumque [nach rel. pron.] QLR. 312, 10.
de si cume ebenso wie B²22313. 25351.
que si cume soweit als B²6583.
issi com so wie R⁴4554. 5666. 6875. 7175. 9186.
tut issi cume
  = [iuxta omnia quae] QLR. 350, 19. 400, 3.
  = quasi QLR. 123, 1.
  = quomodo QLR. 224, 17.
  = sicut QLR. 166, 5.
  tut issi si cume QLR. 180, 7. 232, 10.
que wie: si que so wie B²646. 2559.
  vgl. si ducement c'unc plus puis merciablement B²18147.
que als [nach compt.]
  = [a c. abl.] QLR. 224, 18.
  = [abl. comparationis] QLR. 123, 6. 182, 19. 240, 17. 362, 21.
  = quam MPs. 83, 10. 117, 8. 9. CPs. 36, 16. 39, 7. 51, 3. 62, 4. 83, 10. QLR. 3, 6. 9, 15. 56, 7. 8. 217, 12.
  = [super c. acc.] QLR. 292, 9. 294, 28. 295, 4.
  vgl. altre que anders als QLR. 26, 16.
  mielz que = aliter nisi in einer Frage mit verneintem Sinne QLR. 112, 13.
  ne plus que – ne plus ne so wenig wie — so wenig QLR. 371, 1.

C. Conjunctionen des indirecten Fragesatzes.
cume wie
  = [acc. c. inf.] QLR. 333, 9.
  = quia QLR. 49, 4.
  = quam QLR. 155, 6.
  = quomodo QLR. 20, 3. 39, 7. 53, 5.
  cum beim adj. = quam MPs. 65, 2.
  com R⁴4697. 4720. 7460. 9600. 10060.
  cume granz = quantus MPs. 65, 15. CPs. 65, 14.

pur quei **warum**
 = propter quam rem QRL. 83, 5.
 = quare QLR. 20, 5. 75, 9. 143, 8. 330, 10. 345, 2.
 = unde QLR. 330, 10.
 = ut [consec.] QLR. 218, 21.
 por quei R⁴4623. 5902. B²5960. 7521. 8118. 13176. 24865.
 pur que B²3450. 6274. 19805. 31456.
 por que B²4987. 4995. 12405. 18327. 19804.
quant w i e [beim adv.] B²14960.
si; oft se: ob
 = an QLR. 408, 19.
 = si MPs. 13, 3. 51, 3. 128, 23. CPs, 13, 3. 52, 2. 72, 11. 138, 26. QLR. 64, 2. 66, 8. 138, 7. 8. 18.
 = si forte QLR. 313, 11.
 = utrum QLR. 38, 6. 344, 6.
 = utrumnam QLR. 35, 11.

Interjectionen.

A! Ach! QLR. 157, 4.
a bon eür wohl! QLR. 194, 11.
ah ach QLR. 133, 12.
aï! ach QLR. 123, 12.
aimen ore, wahrlich = euge MPs. 34, 24. 28. 39, 21. 69, 4.
allas! ach! QLR. 122, 13.
 ha las! = hen QLR. 36 7, 12.
 heilas! halas! = heu QLR. 352, 10.
 hallas = heu QLR. 366, 6.
alom! wohlan B²16716.
amen! gewiss! = amen CPs. 40, 12. 105, 48. QLR. 224, 15.
avoi! oho! B²8542. 21782. 23528. 40774.
ba! (verächtlich) QLR. 36, 1.
çahei! Lockruf der Schäfer B²28547.
e! als Ausdruck des Staunens B²22493.
e als Ausdruck der Klage B²24331.
 he R³1961. 2693. R²2893.
guai! wehe = heu MPs. 119, 15. CPs. 119, 5.

ha als Ausdruck eines Wunsches = o QLR. 212, 18 (361, 12).
ha Ausdruck der Trauer B¹1152. B²6727. 11632. 13845. 16717.
hai freudig = hei! QLR. 141, 18.
traurig: ach! QLR. 190, 5.
las! ach! B¹1022, 1096. 1541. 1682. B²4114.
o Anrede = o CPs. 44, 12. 51, 1. (56, 10. 13. 57, 1).
wach! drohend: wart! = uach CPs. 69, 3
= vah CPs. 34, 22. 26. 39, 16.

Adverbien auf -- *ment*.

abandoneement frei B²32130.
abundantment reichlich = abundanter MPs. 30, 30.
acoragiement mutig B²27629.
acurageement QLR. 251, 21. 390, 12.
acostumcement gewöhnlich R⁴10951.
adrecement richtig QLR. 402, 9.
aficheement fest R⁴1555.
aïreement zornig B²9530. 37311. 38259.
altrement anders CPs. 88, 48. R¹517. R³265. 2710. 4334. R⁴4614. B¹913. 914.
autrement R⁴2752. B²604. 7667. 8489. 8502.
amerement bitterlich QLR. 3, 2.
amiablement freundlich
= diligenter CPs. 32, 3 (QLR. 173, 4).
anciënement vor Alters = antiquitus QLR. 107, 8. (187, 17. 219, 5).
angussusement heftig QLR. 132, 9.
angoissusement B²1241. 2433. 3484.
apareilliëment prächtig R³2916. R⁴6768.
apertement offen
= aperte QLR. 9, 7. (207, 22. 241, 9. 381, 12).
= manifeste MPs. 49, 3.
= in conspectu solis QLR. 159, 12.
asembleement zusammen = simul CPs. 4, 10.
aseürement; asurement QLR. 335, 6 sicher
= tute QLR. 303, 4 (138, 10. 335, 6).

asiduëlment beständig
= jugiter CPs. 9, 5. 39, 20. 60, 4. 70, 3. 6.
assiduëlment = jugiter CPs. 39, 13. 104, 4.
asprement heftig B²856.
assauvement sicher B²8642.
atempreement bescheiden QLR. 352, 18.
aüntivement mit Schmach: B²11186.
avenamment erfreulich R⁴8919.
avenanment B²649. 24438.
baldement kühn QLR. 47, 17. 66, 1. 138, 5. 9. 223, 10.
baniëment durch Verkündigung B²33184.
barnilment mutig = viriliter. MPs. 26, 20. (30, 31).
bassement tief B²40051.
belement schön R¹635. R³127. B²1192. 2267.
benignement gütig = benigne MPs. 50, 19.
bonement freundlich
= benigne QLR. 438, 1 (20, 5, 43, 6. 53, 14. 72, 13).
bocnement B²6216. 6683. 17853.
buenement B²11983. 31210. 31284. 33174.
bonureement glücklich B²40933.
briefment kurz R⁴451. 2002. 6755. B¹207.
brefment B²2798. 23857. 30020. 31121. 39867.
briement R⁴6467. 10545. B²1950.
brement B²24714.
celeement heimlich R¹377. R³1295. B²19639. 23141.
certeinement sicher
= certissime QLR. 96, 1. 103, 3 (79, 8. 92, 2).
= quidem QLR. 106, 4.
certainement R⁴4399. B²1778. 3604. 6516. 6641. 6856.
certement sicher B²223. 1038. 10144. 17203. 29524.
charnelment fleischlich R⁴4765. 4766.
charnaument B²24053. 34178.
chastement keusch B²34182.
chierement teuer R²2524.
chierement sehr R³1941.
cherement teuer B²15469. 22830. 40356.
cherement sehr B²8805. 10112. 11383. 11542. 12267.

cherement gern B²23617.
cheremeut gut B²42170.
clerement klar B²28078.
clerment (Ms. T clerement) B²31449.
coïement ruhig R³987.
quoiëment B²710. 7487. 22246. 29952.
queiëment B⁵19642. 20813. 30533. 38247. 38882.
confermeement gewisslich = amen CPs. 71, 19.
continuëlment beständig B²6703.
continuëument B²39824.
covertement geheim B²5689. 14603.
cruëlment grausam
   = atrociter QLR. 397, 21. (206, 27).
cruaument B¹1704. B²31890.
creument B²13584.
cuintement klug = prudenter QLR. 69, 14.
   = callide QLR. 92, 3.
cointement B²611. 2735. 17689. 35755.
quuintement R⁴1929.
cument; cumment CPs. 136, 4 (direkte Frage einleitend) wie
   = an (eine zweite Frage einleitend) QLR. 409, 2.
   = — ne (Frage einleitend, auf die eine Bejahung erwartet wird) QLR. 261, 7. 269, 6. 337, 18.
   = num (Frage einleitend, auf die eine Verneinung erwartet wird) QLR. 127, 9. 412, 15.
   = numquid (Frage mit verneinendem Sinn einleitend) QLR. 56, 5. 129, 12. 193, 7. 378, 14.
   — quare (wie kommt es dass) QLR. 222, 2.
   = quomodo (in welcher Weise) MPs. 10, 1. 136, 5. 15· 157, 1. CPs. 10, 1. 72, 11. 19. 136, 4. QLR. 58, 5. 112· 13. 122, 13. 123, 9. 140, 7.
   = unde (woher) QLR. 121, 1.
cument cheles Frage mit verneinendem Sinn einleitend
   = num QLR. 34, 3.
cument cheles (dunc) = numquid QLR. 362, 7.
cument chieles = numquid QLR. 409, 10.
cument chieles (dunc) = numquid QLR. 410, 11.

cument dunc Frage mit verneintem Sinn einleitend QLR. 261, 9. 410, 7.
    cument... dun ne serrait de mielz aisied = quanto magis QLR. 49, 6.
cument ohne vb. finitum im Ausruf = quid QLR. 188, 16 (51, 15. 67, 1. 77, 6).
    comment R⁴3707. 6967.
cument wie [indirekte Rede einleitend] = si recte QLR. 63, 10.
    cument wie QLR. 110, 10.
    comment R⁴6319. 7570. B²4335.
    coment mais que wie auch immer B²8153.
cumunalment gemeinsam R⁴1470. 2922. 3776.
    comunalment B¹1271. 1673, B²82. 827. 1080. 1599. 6071.
    comunaument B¹1686. B²1437. 4941. 5921. 6476. 14793.
    comunaulment B²19793.
    communalment B²4628. 13764.
    communaument B²17057. 17102. 37834.
    comuneument B²10805.
    cumunement R¹612. 2939.
    comunement R⁴1200. 10423.
    communcment R⁴1561. 2318. 5499. 9337. B²11459.
curiüsement sorgsam : mult c. = curiosius QLR. 92, 1.
    curiosement B²1999.
custumeement gewöhnlich QLR. 1, 7. 3, 1.
dareinement zuletzt R⁴3014.
debonairement leicht B²29008.
decevanment trügerisch B²12037. 14427.
    decevauntment B²19013.
delieement fein QLR. 185, 4. 239, 17.
delivrement schnell
    = cito QLR. 183, 6. (63, 9. 236, 15).
    = festinanter QLR. 184, 1.
    = festinus QLR. 184, 1.
demeinement selbst B¹1315. 1527. 25028. 28894.
derainement zuletzt B²32443.

desleialment unrechtmässig B²15984.
   desleaument B²4641. 14593.
   desleiaument B¹15992.
desmesureement masslos R³2857.
despurveüement unversehens R⁴3457.
   desporveüement R⁴7098.
dignement würdig QLR. 23, 6.
discretement klug B¹214. B²11131. 39635.
diversement verschieden R²2075. B¹1214. B²7030. 11127.
dolerusement schmerzlich B¹999. B²29. 1285. 2587. 8639.
   dolerosement B²16537. 18976. 19005. 26477. 27548.
   dolorusement B²42297.
dotosement furchtsam B²31489.
dreitement gerade (lokal) R¹576. R³2915. B¹1267. B²1039.
   7191. 15688. 16519.
   dreitement gerade (temporal) B¹1302. B²28046.
   dreitement richtig B¹1462. B²1777. 6288. 7024. 8400.
dreiturelment richtig QLR. 234, 18. 235, 1.
dreiturerement richtig = recta MPs. 57, 1.
dulcement angenehm QLR. 173, 4.
   ducement B¹1478. B²1526. 1773. 4511. 4932a.
   doucement B²10657. 22643. 31334. 39499. 40748.
   docement B²4942. 11444. 13043. 17199.
durablement beständig B²1051. 2947. 6809. 7952. 23783.
durement sehr = valde QLR. 154, 12. (76, 3. 111, 4).
efforciëment tüchtig R⁴1489. 6094. 11170.
   esforciëment R²2880.
egalment gleich R⁴10878. 11216.
   eganment (Ms. T igaument) B¹127.
   igaument B²3304. 11128. 38302.
egrement hastig QLR. 324, 7. 377, 10.
encrement sehr = nimis QLR. 220, 7. (98, 17).
enseignement fein = erudite CPs. 46, 7.
ensemblement; ensembledement MPs. 34, 29. 39, 19. 48, 9.
   52, 4. ensembleement MPs. 13, 4. 27, 3. CPs. 13, 4.
   39, 17. 47, 4 zugleich

= simul MPs. 13, 4. 27, 3. 34, 29. 39, 19. 48, 9. CPs. 13, 4. 39, 17. 40, 7. 47, 4.

ens. od = cum QLR. 99, 18.

ensement; enssement MPs. 41, 1. essement CPs. 28, 6. 147, 9 so
 = similiter MPs. 67, 7. CPs. 147, 9. QLR. 336, 3. 372, 3. (5, 17. 19. 134, 10. 211. 19).
 tut e. QLR. 290, 19.

e. *cume* gleichwie
 = quasi MPs. 9, 31. 34, 17. 72, 7. 77, 16. CPs. 9, 29. 16, 8. 18, 5. 28, 6. 30, 13. QLR 116, 4. 336, 16 (201, 15. 411, 11).
 = quemadmodum MPs. 77, 63.
 = sicut MPs. 32, 7.
 = tanquam MPs. 1, 3. 5. 2, 9. 18, 5. 21, 15. CPs. 1, 3. 5.

ens. *cume* so wie (conj.)
 = quasi CPs. 58, 7. QLR. 37, 8. 346, 19.
 tut e. cume = sic- quasi si QLR. 180, 18.

ententivement; enteutifment QLR. 92, 1 beharrlich
 = diligentius QLR. 92, 1 (357, 2. 383, 12).
 = obnixe QLR. 80, 18.

entierement ganz R⁴2632. B¹227. B²6983. 8360. 15268. 17010.
 entierrement B²2918. 4191. 11912.
 enterinement B²36522.

enveisement fröhlich B²39090.

erranment; erranmen QLR. 381, 3.
 errantment QLR. 345, 4 : sogleich
 = absque dilatione QLR. 183, 7.
 = statim QLR. 322, 11. (11, 8. 16, 3. 8. 12. 31, 1).
 = ergo QLR. 35, 9.
 = itaque QLR. 135, 13. 345, 16.
 erramment R³2454. B²8978.
 esramment R⁴3343.
 erralment R⁴2475.
 erraument R³ 3779. B¹603. B²2801. 6348. 14691. 15669.
 eraument B²17244.

eschariëment verlassen R³189. 2468. 3765. 9499.
 escheriëment R⁴2558.
escumenierement frevelhaft = scelerate CPs. 138, 22.
esgareement verstört B²13750.
eslitement vorzüglich QLR. 334, 23.
espanduëment zerstreut B²19850.
especialment besonders QLR. 2, 12.
espessement dicht R⁴8181. 9568. B²807. 1188. 2261. 8192.
espowentablement schrecklich, bedeutend
 = terribiliter MPs. 138. 13. CPs. 138, 15.
espressement sogleich B²15291.
establement ständig B²6995.
estrangement ausserordentlich QLR. 212, 1.
estreitement eng R⁸3781. 9882. B¹2052. B²735. 2719. 16074.
 23442.
estrussement sogleich QLR. 78, 9.
eternaument ewig B²24019.
faitement: issi f. so = ita MPs. 82, 14.
    = taliter MPs. 147, 9.
 eissi f. so = ita MPs. 122, 3.
 si f. so QLR. 315, 16.
 si feitement QLR. 235, 16.
cumfaitement wie (conj.): les humes e les jumenz tu
 salvaras, cumf. tu multiplias la tue misericorde =
 homines et jumenta⋆ salvabis: quemadmodum multi-
 plicasti misericordiam tuam MPs. 35, 7.
 cumf. = quomodo (conj.) MPs. 102, 13. 118, 97.
 confaitement B²1610. 14105. 16025. 19401. 25485.
 cumfaitement (indir. Frage einleitend) wie QLR. 287,17.
faiterement: eissi f. so = ita MPs. 125, 5.
 issi f. so = sic CPs. 41, 1.
 si faiterement B²16382.
 si faitierement B²23905.
cumfaiterement (conj.) wie = quomodo MPs. 72, 19.
 confaiterement B³15088.

falsement falsch = falso CPs. 118, 86.
fealment treu B²11731.
feeaument B²10249. 35777.
feeument B²11760. 15521. 20780. 41761.
feument B²15562.
feelment B²30782.
felunessement; felenessement CPs. 82, 3. 118, 78 und QLR·
überall: frevelhaft
= impie MPs. 17, 24. CPs. 17, 21. 105, 6. QLR. 208, 1
(71, 9. 132, 7. 173 r 2. 174, 9).
= inique MPs. 34, 22. 37, 20. 43, 19. 49, 22. 118, 51·
CPs. 58, 4. 74, 4. 118, 78. QLR. 202, 1. 218. 7.
= nequiter CPs. 82, 3.
felonessement B²1751. 4755. 5263. 8986. 12827.
fermement fest QLR. 104, 5. 161, 12. 180, 13. 194, 9. 197, 7.
festivalment festlich QLR. 5, 2. 383, 4.
fiancevsement vertraulich = fiducialiter MPs. 11, 6.
fiançusement = confidenter CPs. 15, 9.
fierement wild, grausam QLR. 47, 2. 48, 6. 68, 4. 92, 11. 118, 7.
finablement immerdar
= in sempiternum QLR. 145, 18.
usque in sempiternum QLR. 9, 19. 365, 10.
finement sicher QLR. 312, 16.
folement thöricht
= stulte QLR. 43, 13. 105, 13. 216, 18. 304, 8 (163 r 2).
forment; fortment MPs. 6, 10. 20, 1. 46, 9. 103, 1. 106, 38.
118, 140 sehr, heftig
= nimis MPs. 106, 38. QLR. 15, 14. 19, 2. 37, 3. 40, 16.
48, 2.
= quanto magis QLR. 160, 10.
= valde QLR. 114, 10. 162, 10. 165, 3. 243, 1. 304, 11.
= vehementer MPs. 6, 10. 20, 1. 46, 9. 103, 1. 118, 40.
CPs. 6, 10. 20, 4. 46, 9. 77, 59. 96, 9. QLR. 2, 9. 118,
9. 380, 9.
mult f. = nimis QLR. 8, 1.
tres f. sehr tapfer = fortissime CPs. 44, 3.

— 97 —

franchement frei = libere MPs. 93, 1.
gentement hübsch R⁴7573. B²7486. 19208. 23565. 27413
   31335.
granment sehr
   = nimis QLR. 272, 16. (268, 17. 362, 1).
   grantment B²18215. 26238. 26634. 30240. 30329.
   granment B²1912. 7088. 8188. 15392.
griement schwes R²4110.
   grefment B¹2103. B²26982. 39316.
haiteement freudig = aequo animo QLR. 330, 17.
haltement hoch (oft fig.) QLR. 130, 4. 334, 28. R²2086. 5393.
   hautement B¹1604. 1697. B²236. 7807. 7921.
   haltement laut R⁴7416. B²33526.
   haltement bedeutend: tres h. = altissime CPs. 55, 2. 91, 1.
hardiëment kühn R³132. R³3710. 8018. 8364. 8373. B²1282.
   4826. 5691. 19819. 23555.
hastivement eilig
   = celeriter QLR. 78, 2 (92, 17. 99, 11. 174, 11. 187, 1).
   = concido gradu QLR. 183, 13.
   = festinus QLR. 284, 2.
   = statim QLR. 78, 15.
   = velociter QLR. 82, 3.
honestement ehrenvoll QLR. 23, 15. 141, 12. 356, 15.
   onestement B¹1603.
honurcement ehrenvoll QLR. 69, 1. 148, 3.
   honoreement R⁴1033. B²4161. 27065.
   enoreement B²12815.
   unureement QLR. 277, 15.
humlement demütig QLR. 346, 9.
   humblement R¹675. R³373. 401. 638. 1612.
   umblement R⁴1011.
huntusement schädlich = ignominiose CPs. 4, 2.
   hontusement B¹523.
   hontosement R⁴10468. 29925. B²40068.
ignelement; ignelment MPs. 36, 21. 39, 21. 68, 21. 147, 4.
   isuelement CPs. 30, 2. 67, 32. 77, 33. 89, 11. 105, 12.
   147, 4. inelement CPs. 36, 2 schnell

= cito MPs. 78, 8. 105, 13. CPs. 78, 8. 105, 12.
= confestim MPs. 39, 21.
= festina CPs. 68, 20.
= mox MPs. 36, 21.
= subito MPs. 72, 19.
= velociter MPs. 6, 10. 36, 2. 44, 2. 68, 21, 101, 3. CPs. 30, 2. 36, 2. 67, 32. 77, 33. 89, 11.
    ignielment R^{4}1079 (AC ignielement).
    isnelment R^{4}9917.
ireement zornig B^{2}1159. 15826. 42236.
joiiisement freudig R^{4}10059. B^{1}475. 978. B^{2}7037. 8263. 9768. 9784. 10168.
    joiusement B^{2}2621. 4885. 28681.
justement gerechter Weise B^{2}12942. 37947.
laidement heftig QLR. 16, 10. 153, 10,
    leidement leiden B^{1}865. B^{2}3810.
largement reichlich R^{3}620.
laschement nachlässig R^{3}3541.
    lascheitement B^{2}31350.
lealment gesetzmässig R^{3}1084. 2332. R^{4}405. 3315. 5094. B^{2}1946.
    leialment B^{2}1916.
    leaument R^{4}431. 2819. B^{2}13300. 40935.
    leiaument B^{2}11675. 20238, 24316. 31685.
leement reich B^{2}38028.
legierement leicht QLR. 46, 4 156, 18. 417, 17.
    legerement B^{2}35692.
lentement langsam = negligentius QLR. 389, 9.
lëment gern, freudig R^{3}1862. 3790. R^{4}1916. 4519. 6707.
ligement lehnhaft B^{2}11672. 27047.
longuement lange (temporal) R^{4}4187. 4395. 5101. 6129. 6457.
    longement B^{2}940.
    de longement seit langem B^{2}7520. 8589. 21269. 25670. 30468.
lunghement; lungement CPs. 71, 5. 103, 33.
    cum l. = quamdiu MPs. 12, 2. 103, 34. CPs. 71, 5. 103, 23.
    cume l. = quamdiu MPs. 145, 1.

lungtainement weitweg R¹396.

maimement; meiment QLR. 83, 11. 86, 13 besonders
- maxime QLR. 69, 15. 83, 11, 86, 13. (276, 14).
= quanto magis QLR. 363, 5.
meismement R⁴2298. 5485.
maismement B²17683.
memement B²12991.

maleitement (Ms. T maleietement) böswillig B²3634.

malement böse
= indigne QLR. 12, 12 (285r 7. 292, 9. 295, 7. 297, 1).
= male MPs. 77, 22.

malveisement schlecht R³2740.
mauveisement B²2141, 5563. 19165.

mençungierement lügnerisch = mendaciter CPs. 37, 19.

merciablement bittend B²17614. 17989. 18147. 20221. 20583.

merveilment wunderbar B²18108.
mervaument B²16936.
maurvaument B²37384.

merveillusement; merveillusement QLR. 131, 11 wunderbar, sehr
= mirabiliter MPs. 44, 6. 75, 4.
= nimis QLR. 131, 11.

misericordiosement mitleidig B²23267.

mortelment tödlich R²2993. B¹2104. B²1698. 4286. 13292.
14369.
morteument B²9295. 11581. 12010. 18879. 20840.

multipliablement vielfältig = multipliciter MPs. 62. 2.

natureument natürlicherweise B²11582.

nettement rein QLR. 83, 10.

noblement vornehm, prächtig, edel R²928. 2924. R⁴720. 2353.
2900, B¹791. B²7070. 7140. 7806. 9838.

nuitanment bei Nacht B²217. 14978.

numeement besonders QLR. 2, 14. 24. 117, 16. 326, 16. 400, 9.
nomeement R⁴9335, B²20278.

nusantment: nient u. unschuldig = innocenter CPs. 17, 25.

nuvelement kürzlich QLR. 405, 5.
novelement B²10176. 10658. 22120.

novelement jung B²38527.
occultement verborgen B²8090. 11617.
ordeneement geordnet QLR. 251, 15. 316, 6. 317. 15.
orgeillusement stolz = superbe CPs. 16, 10.
 orgueillusement R²2861.
 orguillusement R⁴2155.
 orguillosement B²1752. 5264. 27240.
 orgoillusemont R⁴4048. B²16044.
orriblement schrecklich B²13284. 17047. 33890. 34092.
paisiblement friedfertig = pacifice MPs. 34, 23. CPs. 119, 6.
 paissiblement BB²24101.
pardurablement ewig B²23731.
parfitement vollkommen QLR. 40, 6. 79, 10. 261, 6. 265, 7. 276, 4.
parfundement R⁴3026. B²10504. 11914.
parmanablement; CPs. nur parmenablement ausser 137, 8 : immerdar
 = in aeternum CPs. 137, 8. QLR. 12, 11.
 = in sempiternum CPs. 48, 9. 67, 11. 145, 5. QLR. 43, 15. 146, 9. 10. 210, 7. 231, 16.
 = jugiter CPs. 31, 4.
 = usque in aeternum QLR. 144, 12.
 = usque in sempiternum QLR. 71, 2. 80, 5. 82, 13. 132, 10. 144, 6.
perement gleich B²23889.
 perment gleichfalls = pari er CPs. 2, 2. 32, 15. 34, 27.
perpetuëlment immerdar
 = in aeternum CPs. 148, 6,
 = jugiter CPs. 144, 2. 22.
 perpetualment B²1052.
 perpetuaument B²6258. 6653. 6996. 23396. 28900
pesmement böse QLR. 332, 13.
pitusement gnädig QLR. 206, 28.
 pitosement B²29677.
plainement vollständig, ganz und gar B²5444. 9597. 14231. 19286. 23548.
 pleinement B²847.

plenierement vollständig QLR. 5, 2. 48, 12.
plenteïvement reichlich B²11091. 34794.
plorablement kläglich B²17030.
porpenseement absichtlich R⁴5048.
povrement ärmlich, spärlich R⁴6742. B²6353. 17462. 17466. 17523. 30619.
preciosement kostbar B²11031. 38516.
premierement zuerst: tut p. = primum QLR. 311, 12.
    premerement B³3360. 3482a. 4345. 16926. 17180.
    primierement B²39435.
    primerement B²6602.
    primerement: a nus pr. = mihi priori QLR. 196, 14.
prestement bereit = ad manum QLR. 84, 6.
priveement heimlich
    = abscondite QLR. 159, 12.
    = clam QLR. 103, 4. 385, 10 (356, 1. 372, 2).
    = seorsum QLR. 132, 5. 6.
    tut pr. = silenter QLR. 93, 17.
    = silentio QLR. 236, 4.
procheinement bald B²11364.
proprement sauber QLR. 255, 4.
prosprement glücklich
    = prospere MPs. 44, 5. CPs. 44, 4. QLR. 336, 4.
pruusement klug QLR. 73, 4.
    proüsemeyt B³3592. 3803. 18959. 21588. 22439.
    proosement B²28781.
puissantment mächtig B²23939. 33214.
purement rein = pure CPs. 2, 12.
queiment wie (conj.) B²39219.
queinement wie (conj.) B²21895.
quitement ganz R³2896. 2932. R⁴2145. 2176. 4376. B¹1201. 1571. B²309. 2929. 3195.
raisnablement vernünftig QLR. 50, 3.
    reisnablement B²7094.
    renablement R⁴2374 selbstverständlich.
reddement sogleich QLR. 9, 2.

relment wirklich QLR. 11, 1.
repostement heimlich = abscondite CPs. 55, 6.
retraanment sich zurückziehend R⁴8214.
richement reich, prächtig QLR. 251, 7. 257, 9. 266, 22. 429, 8.
sagement weise
   = prudenter QLR. 71, 1.
   = sapienter MPs. 46, 7. 57, 5. QLR. 200, 8. 406, 13.
sainement unversehrt B²38287. 38343.
saintement heilig B¹1674. B²36662. 42106. 42294.
   saintismement allerheiligst B²4937.
saivement verständig B²893. 22499.
salvement unversehrt QLR. 186 r 3.
   sauvement B²13104. 17315.
senglement allein
   = singillatim MPs. 32, 15.
   = singulariter MPs. 4, 10. 140, 11.
serreement dichtgedrängt QLR. 246, 5. 247. 14.
   s. = conglolati in unum cuneum QLR. 127, 8.
   sereement R⁴5204. 7714. B²19040.
seürement sicher QLR. 79, 20.
   segurement B²310. 3343. 11092. 33527. 34562.
severalment getrennt QLR. 35, 5. 392, 13.
simplement einfach = simpliciter CPs. 100, 6.
so·risement überraschend B²21020. 38260.
   sorpernaument überraschend B²22016.
specialment besonders = specialiter CPs. 4, 10.
sudement plötzlich = subito MPs. 63, 4.
   sodement R⁴10601. B²25705. 27515. 31097.
   suddement CPs. 6, 10.
   sudeement QLR. 34, 18. 37, 16. 50, 8. 174, 12. 181, 3.
   sodcement B²4107. 32359.
   sudeiëment CPs. 63, 4.
   sudusement = subito CPs. 72, 19.
sulement allein QLR. 24, 7. 84, 2. 338, 17. 409, 11. tant s.
   nur = tantum CPs. 38, 8.

solement R⁴1168. 5655. 7430. 10581. B¹1316. R²7443. 7928. 9843. 9991.
seulement B²30071.
susprisement überraschend, schnell R⁴3395.
souprisement R⁴10392.
sutivement genau B²10476.
sutitment B²23894.
suvenierement oft
 = frequenter QLR. QLR. 356, 13. (357, 1). 402, 8).
tendrement zärtlich
 = valde QLR. 73, 7. (2, 8. 9, 1. 375, 15).
torcenierement frevelhaft = inique CPs. 105, 6.
torcenusement = iniuste MPs. 105, 6. 118, 78.
treblement dreifach = tripliciter CPs. 79, 5.
tricherusement! trecherusement CPs. 35, 2 trügerisch
 = dolose MPs. 13, 5. 35, 2. CPs. 23, 4. 35, 2. 102, 25.
trinaument dreieinig B²11155.
 trinitenment B²23877.
uelment ebenso = pariter CPs. 33, 3. 36, 38.
 oelment = pariter CPs. 52, 3. 70, 10. 82, 5. 81, 17.
uniaument einig B²11156. 23890. 24163.
 uniëment einmütig = unanimiter MPs. 82, 5.
vailentment kräftig = valenter CPs. 9, 31.
vassalment tüchtig = valide QLR. 388, 2.
 vassaument B²11886. 18760. 28780. 29490. 33631.
 vasaument B²11871.
veirement wirklich
 = vere MPs. 57, 1. CPs. 57, 1. 11. 118, 75. QLR. 99, 6. 191, 3. 363, 10 (31, 8. 100, 1). QLR. 421, 14 que nostre Sires est v. Deu = quod Dominus *ipse* esset Deus. Si veirement cume Deuvit so wahr als Gott lebt = vivit Dominus quia QLR. 50, 16. 68, 44. 74, 5. 77, 11. 78, 13.
veraiement wahrhaftig R⁴7429. 11368. B²1473. 1792. 4582. 5356. 9585.
 verraiëment B²23417. 24239.

vertuusement tapfer QLR. 73, 3.
vilainement schändlich R⁴4334. 5180. B²17465. 31988 32727. 32733. 36144.
vilment verächtlich QLR. 164, 9. 428, 5.
visablement offenbar B²1363. 1463.
vistement schnell R³2087. 2729.
vivement schnell R³777. 1845. 2471 B²3591.
volentrivement gern
= voluntarie CPs. 53, 6.
voluntrivement = voluntarie MFs. 53, 6.

Inhalt.

I. Praepositionen p. 6—25.
II. Adverbien p. 25—67.
   1. des Orts p. 25—36.
   2. der Zeit p. 36—47.
   3. der Qualität und Quantität p. 47—61.
   4. der Bejahung, Verneinung und Frage p. 61 - 67.
III. Conjuntionen p. 67—88.
   1. Coordinierende p. 67.
     1. kopulative p. 67—70.
     2. disjunctive p. 70.
     3. adversative p. 70—72.
     4. causale p. 72—73.
     5. conclusive p. 73—76.
     Corresponsion p. 77.
   II. Subordinierende p. 77—88.
     A) Reine Conjunctionen p. 77—80.
       1. des den Nominativ vertretenden Conjunctionalsatzes p. 77—78.
       2. des den Accusativ vertretenden Conjunctionalsatzes p. 78.
       3. des praepositionalen Nebensatzes p. 78—79.
       4. des Consecutivsatzes p. 79—80.
       5. des näher bestimmenden Verhältnisses p. 80.
     B) Adverbiale Conjunctionen p. 80—87.
       1. temporale p. 80—83.
       2. finale p. 83.
       3. causale p. 83—84.
       4. condicionale p. 84—85.
       5. concessive p. 85.
       6. comparative p. 86—87.
     C) Conjunctionen des indirecten Fragesatzes p. 87—88.
VI. Interjectionen p. 88—89.
V. Adverbien auf — ment p. 89—104.

Vita.

Natus sum Ricardus Schoeps Halensis die VI. mensis Augusti a. h. s. LXXIV. patre Emilo, quem superstitem esse gaudeo, matre Clara e gente Bürger, quam morte mihi ereptam lugeo. Fidei addictus sum evangelicae. Halis in orphanotropheo Franckiano primis litterarum elementis imbutus scholam, quam vocant latinam, per novem annos frequentavi usque ad mensem Septembrem a. XCII. Maturitatis testimonio accepto inter universitatis Fridericianae Halensis cives receptus in studia humaniora incumbere coepi adiique per sex menses scholas virorum illustrissimorum Dittenberger, Haym, J. Meier. Deinde studio linguarum recentiorum curam operamque ponens Marburgum me contuli, ubi per sex menses audivi professores Schroeder, Stengel, Vietor. Praeterea ad exercitationes romanicas benigne aditum mihi praebuit E. Stengel magister mihi dilectissimus. Autumno tum eiusdem anni denuo civibus Almae Matris Halensis adscriptum docuerunt me per quinquies sex menses viri doctissimi Bremer, Burdach, Droysen, Erdmann, Heuckenkamp, Lindner, Simon, Strauch, Suchier, Thistlethwaite, Wagner, Wiese. Comitate virorum illustrissimorum Burdach, Erdmann, Strauch, Suchier, Thistlethwaite, Wagner, Wiese factum est, ut exercitationibus seminariorum romanici et anglici et germanici et philosophici interesse mihi liceret.

Omnibus viris optime de studiis meis meritis, imprimis prof. Suchier gratias ago quam maximas.

Thesen.

I.
Jacob Grimms Ansicht über die Quellen der mittelalterlichen Reinhartdichtungen ist im wesentlichen richtig.

II.
In den ältesten französischen Balladenstrophen ist zur Angleichung des Strophenausgangs an den Strophengrundstock mit vollem Bewusstsein seitens der Dichter eine Zerlegung von Langzeilen in ganz beliebige Teile vorgenommen worden.

III.
QLR. 409, 19 Quenses que il deliurt la cited für quenses pensés zu lesen ist unnötig.

IV.
Jeanroys Annahme, der älteste deutsche Minnesang gehe auf französische Muster zurück, ist falsch.

V.
Me. Genesis und Exodus rühren von éinem Verfasser her.

VI.
Divina Commedia Inf. V 34 ruina heisst nicht Absturz, sondern Windsbraut.

VII.
Brüssel ist für französische Sprachstudien nicht geeignet.